CRIANÇAS RESILIENTES

TOVAH P. KLEIN
COM **BILLIE FITZPATRICK**

CRIANÇAS RESILIENTES

AJUDE SEU FILHO A PROSPERAR EM TEMPOS DE INCERTEZA

Tradução
Sandra Pina

Rio de Janeiro | 2025

Copyright © 2024 by Tovah P. Klein, PhD. Todos os direitos reservados.
Copyright do prefácio © 2024 by Amy Schumer
Copyright da tradução © 2025 por Casa dos Livros Editora LTDA. Todos os
direitos reservados.

Título original: *Raising Resilience*

Todos os direitos desta publicação são reservados à Casa dos Livros Editora
LTDA. Nenhuma parte desta obra pode ser apropriada e estocada em sistema
de banco de dados ou processo similar, em qualquer forma ou meio, seja eletrô-
nico, de fotocópia, gravação etc., sem a permissão dos detentores do copyright.

COPIDESQUE	*Augusto Iriarte*
REVISÃO	*Elisabete Franczak Branco e*
	Vivian Miwa Matsushita
DESIGN DE CAPA	*Rafael Brum*
IMAGEM DE CAPA	*akinshin/ iStock*
DIAGRAMAÇÃO	*Abreu's System*

Dados Internacionais de Catalogação na Publicação (CIP)
(Câmara Brasileira do Livro, SP, Brasil)

Klein, Tovah
    Crianças resilientes: ajude seu filho a prosperar em tempos de
incerteza / Tovah Klein; tradução Sandra Pina. – Rio de Janeiro:
HarperCollins Brasil, 2025.

    Título original: Raising resilience.
    ISBN 978-65-5511-651-9

    1. Crianças – Desenvolvimento 2. Resiliência (Traço da perso-
nalidade) em crianças I. Título.

24-242819   CDD-155.4124

Índices para catálogo sistemático:
1. Resiliência em crianças: Psicologia infantil   155.4124
Eliete Marques da Silva – Bibliotecária – CRB-8/9380

HarperCollins Brasil é uma marca licenciada à Casa dos Livros Editora LTDA.
Todos os direitos reservados à Casa dos Livros Editora LTDA.

Rua da Quitanda, 86, sala 601A – Centro
Rio de Janeiro/RJ – CEP 20091-005
Tel.: (21) 3175-1030
www.harpercollins.com.br

Nota

Os nomes e demais detalhes identificadores de vários dos indivíduos mencionados nesta obra foram modificados para resguardar sua privacidade.

Este livro contém orientações e informações relacionadas ao cuidado com a saúde. Deve ser usado para complementar, e não substituir, orientações de seu médico ou outro profissional de saúde. Se você sabe ou suspeita que tem um problema de saúde, é recomendada uma consulta com um médico antes de iniciar qualquer programa ou tratamento. Foram feitos todos os esforços para garantir a precisão das informações contidas neste livro até a data da publicação. Esta editora e a autora se isentam de qualquer responsabilidade por consequências médicas que possam ocorrer como resultado do uso dos métodos sugeridos nesta obra.

Aos meus pais, Robert e Nancy. Sou quem sou por causa de vocês.
A Kenny. Que caminha a meu lado.

Sumário

Prefácio, por Amy Schumer..11
Introdução..15

Parte I • As raízes da resiliência

CAPÍTULO 1 Oportunidade em tempos de incerteza................... 25
CAPÍTULO 2 Você conta 47

Parte II • Os cinco pilares da resiliência de seu filho

CAPÍTULO 3 A rede de segurança.. 71
CAPÍTULO 4 O princípio do equilíbrio....................................... 95
CAPÍTULO 5 A trilha da liberdade 129
CAPÍTULO 6 O poder da conexão... 161
CAPÍTULO 7 O dom da aceitação... 193

Uma observação final... 231
Agradecimentos..233
Lembretes aos pais para aumentar a resiliência na vida diária....... 239
Referências.. 251

Prefácio, por Amy Schumer

Nosso filho, Gene, nasceu em um domingo chuvoso de maio. Após levá-lo para casa e acomodá-lo em seu quarto cuidadosamente decorado de rosa (porque prometi a mim mesma não me sujeitar aos papéis de gênero), soltamos um longo suspiro. Sem querer sair de perto, imediatamente me sentei na cadeira de balanço e comecei a embalá-lo enquanto o amamentava. Olhando para sua pequena cabecinha, respirei fundo e me dei conta de que eu o tinha feito. Todo o sofrimento enfrentado durante a gravidez — vômitos intermináveis, desidratação (tive hiperêmese gravídica), a ansiedade — tinha ficado para trás. Ou não? Parentalidade nada mais é do que um passo após outro, uma batalha diária contra o medo de que algo aconteça a esse ser preciosíssimo e a compulsão absoluta para protegê-lo a qualquer custo.

Assim, depois que Chris, meu marido, e eu demos o primeiro banho em nosso filho, rimos aliviados e exauridos (e encharcados da cabeça aos pés), e nos vimos diante de um questionamento atormentador: estávamos realmente preparados para a gigantesca tarefa da parentalidade? E quando foi que inventaram essa palavra? Porém, como incontáveis pais antes de nós, já estávamos envolvidos… para sempre.

Com o passar dos dias e noites, com ambos um tanto enlouquecidos pela privação de sono, me agarrei a algo que aprendi no *stand-up*: a crença de que subir no palco sempre carrega uma possibilidade de fracasso, o que, infelizmente, é a única forma de melhorar e se fortalecer.

Dois anos mais tarde, com a covid nos rondando, nos ameaçando por dentro e por fora, Chris e eu fomos ao Barnard Toddler Center e conhecemos Tovah Klein, a extraordinária diretora da instituição. Alguns amigos próximos haviam tecido enormes elogios a Tovah e, como muitos pais ambiciosos do Upper West Side, queríamos nos sentir incluídos. Mais exatamente, queríamos que nosso querido filho participasse de um programa excepcional para a primeira infância, no qual tivesse a oportunidade de aprender não apenas habilidades precoces, mas também, e talvez principalmente, as competências sociais e emocionais para se tornar um ser humano amoroso, empático e decente.

Enquanto Chris e eu segurávamos juntos as mãozinhas de Gene, Tovah Klein sorriu e disse com calma e segurança: "Olá!". Algo em seu olhar e em seu comportamento nos deu a certeza de que *nós três* ficaríamos bem. E, simples assim, apesar da violência da covid, Gene estava prosperando no Toddler Center: ele aprendeu a se divertir, a se atrapalhar e a se frustrar. Aprendeu a fazer parte de um grupo, a forjar parcerias e a ouvir seu percursionista interior. Ele brincava com blocos e troncos; cantava desafinado; e, ao longo dos dois anos seguintes, nosso menininho se tornou um maravilhoso ser imperfeito. Tovah dizia que seu intuito maior era ajudar as crianças a se tornarem resilientes.

No ano seguinte, ela se transformou em nossa guia destemida, papel que continua exercendo até hoje. Seu amor pelas crianças e seu profundo conhecimento do que elas precisam para prosperar ficam evidentes em tudo o que ela faz e na maneira como interage com as crianças. Sim, ela orienta o desenvolvimento da resiliência desde os primeiros dias dos pequenos. Mas, mais do que isso, Tovah também ensina a nós, os pais. Sua paciência e empatia nos ajudaram a superar o medo infernal que implicava viver durante a covid. Tovah nos ajudou a nos separar de nosso filho para que ele pudesse ser ele mesmo, sabendo que estaríamos por perto. Ela também nos ensinou a acreditar em nós, a confiar em nossos instintos e a aprender a apoiar nosso filho, não com regras, fórmulas ou listas, mas nos ajudando a descobrir o que sabemos de melhor: amar nosso filho de uma forma que o capacite a crescer e prosperar.

Nosso bebê está agora a caminho do jardim de infância e, quando chegar a hora de soltar suas mãos, já maiores, nós, seus pais, provavelmente estaremos nervosos, é verdade, mas eu sei que ele estará pronto para se jogar.

Deixe Tovah ser sua guia como ela foi para nós e para milhares de pais antes de nós. Eu achava que o Toddler Center era uma escola para crianças de 2 anos, mas aprendi que é uma escola para pais. O conhecimento e a atenção de Tovah nos muniram para sermos os líderes confiantes que precisávamos ser para nosso filho e para nós mesmos. Ela é um presente para nós e para futuras gerações de líderes e, mais importante, de boas pessoas. Estou muito animada por podermos, como pais, ler este livro. Seu primeiro, *How Toddlers Thrive*, se tornou um evangelho em nossa casa. E o resultado é uma criança alegre, independente e empática, que sabe socializar e ser um membro amado da comunidade, e pais que fazem o mesmo. Jamais deixarei de ser grata a você, Tovah, e a Jess Seinfeld, que nos apresentou, a nós e a nosso filho, a seu mundo. Obrigada, amiga.

Introdução

Havia muito tempo pensava a respeito dos temas deste livro, mas só comecei a escrever sobre eles quando o mundo se fechou devido a uma pandemia global. Meu tema — criação de crianças capazes de lidar com as incertezas, superar esses obstáculos e prosperar — logo se tornou mais urgente e imediato. A pandemia proporcionou um laboratório vivo e único no qual pude, de maneira simultânea, observar e vivenciar minha abordagem da parentalidade em um experimento expandido, já que pais e filhos se deparavam com circunstâncias que frequentemente os faziam se sentir impotentes e vulneráveis. Minha família e eu, vivendo na cidade de Nova York, também éramos participantes desse experimento revelador.

Embora o confinamento decorrente da pandemia fosse uma situação nova para quase todos nós, alguns aspectos dele eram familiares a mim e a meu trabalho. Como psicóloga infantil, especializei-me nos efeitos de situações traumáticas em crianças e familiares, investigando os impactos de abusos, da falta de moradia, de desastres naturais e de eventos trágicos como o 11 de Setembro. Eu sabia, de minhas pesquisas anteriores e em curso, que crianças e adultos têm a capacidade de ressurgir da tragédia transformados, mas não necessariamente marcados por cicatrizes — desde que determinados fatores se façam presentes. Especificamente, quando permanecem ligados e atentos e proporcionam às crianças segurança e proteção emocional, os pais criam um efeito protetor contra danos duradouros, mesmo nas circunstâncias mais difíceis.

Meu trabalho prévio apontava para esse potencial protetor, mas, à medida que todos começamos a retomar a vida pós-pandemia, eu quis analisar mais profundamente o que os pais estavam fazendo de tão eficaz para criar resultados duradouros e positivos para os filhos. Devia ter a ver com ajudá-los a se tornar resilientes, mas como? O que mais estava acontecendo na relação entre pais e filhos que não era apenas protetivo, mas também fortalecedor?

A resposta a essas questões resultou neste livro, que fornece aos pais uma abordagem estratégica para ajudar os filhos a se tornarem resilientes agora e no futuro. Resiliência não é apenas a capacidade de se recuperar após desapontamentos ou perdas; não é apenas a capacidade de se adaptar a mudanças grandes ou pequenas. Em meus mais de trinta anos trabalhando com crianças e seus pais, bem como conduzindo pesquisas inéditas e estudos populacionais, passei a compreender a resiliência com mais nuances e a vê-la como um conjunto de características que pais podem ensinar aos filhos e alimentar durante as interações cotidianas. Quando usamos o termo "resiliência", frequentemente pressupomos que nos tornamos resilientes pelo simples fato de superar um momento difícil, de enfrentar adversidades ou de sobreviver a um trauma ou outro evento desafiador. E, embora superar dificuldades possa fortalecer uma pessoa e *mostrar* sua resiliência, não é necessário enfrentar uma dificuldade ou tragédia para desenvolvê-la.

À medida que todos emergíamos da névoa pandêmica, teorizei dois aspectos fundamentais da resiliência: primeiro, que a própria relação pai--filho seria um tipo de incubadora de resiliência, que permitiria às crianças desenvolver recursos internos para se adaptar e se ajustar; segundo, que através desse relacionamento os pais poderiam ajudar os filhos a desenvolver resiliência de modo proativo, antes da ocorrência de uma crise ou de uma experiência traumática. Pesquisas neurobiológicas recentes sobre trauma, bastante animadoras, dão sustentação a essa visão: a presença de um pai conectado, sintonizado e amoroso é determinante para que a criança seja ou não marcada de maneira negativa (e, às vezes, permanente) por experiências adversas; evidências também demonstram que a presença de um pai conectado ajuda a criança a estabelecer as bases da autorregulação, isto é, o sistema neurobiológico que nos permite recuperar o equilíbrio e a estabilidade ante um distúrbio de qualquer grau.

Dessa forma, vejo este livro como uma reformulação do que significa ser resiliente — de como a resiliência é desenvolvida e moldada ao longo do tempo e o que a torna importante. Quando aceitamos que a incerteza é um fato da vida, e não uma aberração, alimentar a resiliência se torna uma oportunidade diária — e passa a transcorrer de modo muito mais frutífero no contexto de seu relacionamento com seu filho. A resiliência é resultado dos cuidados que os pais prestam todos os dias, em combinação com o carinho, a atenção e as reações que demonstram às necessidades do filho, seja ao consolá-lo, ao buscá-lo na escola, ao preparar o jantar ou ao ouvi-lo desabafar sobre seu dia. Essas interações são importantes e resultam em um relacionamento que se torna uma incubadora de resiliência. Não se trata de perfeição. Trata-se de estabelecer e exercer um relacionamento diário amoroso, estável e conectado, como vou demonstrar aqui.

Se você leu meu primeiro livro, *How Toddlers Thrive*, com certeza reconhecerá algumas das estabilidades que crianças mais novas e mais velhas precisam para crescer e se desenvolver da melhor maneira possível. Desta vez, me dirijo a pais de crianças de todas as idades, identificando e expandindo os universos daquilo que fundamenta crianças e adolescentes e os ajuda a formar uma base forte para crescerem e se transformarem em seres humanos prósperos. (Ao longo do livro, uso o termo "pai" para me referir a todos os cuidadores, incluindo guardiões e outros que têm relacionamentos formativos com crianças.)

Em meu trabalho como diretora do Barnard College's Center for Toddler Development, e no trabalho relacionado com pais de crianças mais velhas e adolescentes, tenho o prazer de desempenhar muitas funções (às vezes, ao mesmo tempo!): educadora, clínica, pesquisadora e defensora, seja ensinando universitários, pais e profissionais sobre o desenvolvimento infantil e as muitas maneiras em que as crianças diferem individualmente, seja conduzindo pesquisas com o objetivo de entender o impacto dos pais sobre os filhos, interpretando esses estudos e defendendo as necessidades das crianças, seja trabalhando diretamente

INTRODUÇÃO 17

com pais e filhos. Passo os dias perguntando do que crianças e adolescentes precisam para estabelecer as bases para um crescimento saudável, adaptável e compassivo, independentemente do que a vida jogue em seu caminho. Uma coisa é aprender a lidar com um comportamento desafiador de seu filho de 4 ou 14 anos, de modo a criar uma maneira de encarar a mesma situação no futuro; outra bem diferente é entender o que motiva tais comportamentos, de modo a aprender a se relacionar melhor com seu filho e resolver os problemas a longo prazo e de forma que beneficie a ele também. Em outras palavras, vou demonstrar maneiras de apoiar o desenvolvimento ideal de seu filho, para que ele possa aprender a se tornar resiliente agora e no futuro.

Nas últimas décadas, foram conduzidos muitos estudos importantes que conectam psicologia do desenvolvimento e neurobiologia. Entendo ser meu papel traduzir esse valioso conjunto de estudos, que inclui minha própria pesquisa, e oferecer às famílias uma abordagem que demanda uma ligeira mudança de perspectiva e uma reflexão sobre a parentalidade. Em vez de criar os filhos com base em uma perspectiva de cima para baixo, proponho criar um relacionamento com eles que funcione tanto como recipiente quanto como âncora. Como âncoras, pais são uma espécie de ancoradouro estável que equilibra o "barco", que é a criança em crescimento, evitando que seja sacudido pelas correntezas e tempestades. Quando a criança pode confiar nessa força estabilizadora, fica mais propensa a internalizar uma sensação de segurança juntamente com a consciência de que ficará bem, a despeito de tempestades ou mudanças no entorno. Como âncora, você ajuda a estabilizar seu filho emocional e fisicamente quando ele está inseguro ou triste e lhe fornece ferramentas para se tornar independente, confiante e compassivo.

Como recipientes, pais constroem e alimentam um relacionamento que oferece à criança um espaço físico e emocional onde ela possa experimentar e expressar seus sentimentos, quaisquer que sejam. Esse relacionamento permite à criança aprender a administrar sentimentos intensos e negativos, porque ela compreende que não está sozinha. Ao proporcionar esse espaço seguro, encoraja-se a criança a ser autêntica, sem que seja ridicularizada, julgada ou constrangida. Cada criança precisa de um lugar em que seja completamente aceita e compreendida, e o relacionamento com os pais que atuam como recipiente proporciona essa sensação de segurança.

Você talvez não esteja ciente de que já atua como âncora e recipiente, mas é o que faz quando acalma seu filho chateado, lida com uma crise, estabelece um limite razoável quanto a pular no sofá ou usar o celular, define uma rotina para a hora de dormir ou de fazer o dever de casa, ou o ajuda a lidar com seus temores acerca do ensino médio. O desafio, claro, é que o trabalho de ser âncora e recipiente nem sempre é fácil no contexto da vida real (afinal, estar em um relacionamento não deixa de ser trabalho). Talvez haja momentos em que pareça ser quase impossível — quando as emoções afloram, tanto as suas como as de sua criança ou adolescente, ou quando você sente que não tem mais um pingo de paciência. Em momentos assim, será mais difícil segurá-los e ancorá-los — ou a si mesmo.

Como mãe, também já passei por isso. Minha abordagem não almeja perfeição, e sim funcionalidade. Desenvolvi cinco pilares que dão forma aos fundamentos neurobiológicos e de desenvolvimento da resiliência e apresentam formas concretas de ser recipiente e âncora, tenha seu filho 2, 10 ou 16 anos. Forneço muitas estratégias comprovadas para pais ocupados e estressados, e também para aqueles que estão se sentindo bem e apenas querem se aprimorar na tarefa de ajudar o filho a se tornar mais adaptável. As estratégias não são códigos autocráticos de comportamento; pelo contrário, são orientações claramente definidas nas quais você pode confiar para ajudar seu filho a aprender competências básicas para crescer e se desenvolver emocional, intelectual e socialmente — qualquer que seja sua personalidade, temperamento, histórico ou experiências estressantes ou traumáticas. Elas são aplicáveis a crianças de todas as idades. Quando pais conseguem intervir e proporcionar estabilidade confiável e amorosa aos filhos, coisas grandiosas podem acontecer. E isso talvez seja um bônus: quando usa essa abordagem e incorpora os cinco pilares, você alimenta um relacionamento duradouro com seu filho, um que ambos valorizarão por muitos anos.

Minha abordagem apoia não só as crianças, mas também os pais. Você vai conhecer exemplos inspiradores que fornecerão uma fonte de auxílio e apoio, bem como uma série de questões para reflexão, para estimular as conexões entre sua experiência passada e sua parentalidade atual. É evidente que em tempos de incerteza todo mundo precisa trabalhar um pouco mais para se manter firme e concentrado naquilo que é mais importante, ou seja, o bem-estar dos filhos. A sensação de instabilidade, comum quando as incertezas da vida aumentam, pode interferir em nossas intenções, por melhores que elas sejam, nos deixando mais ansiosos e preocupados. É por isso que ter consciência de nossas respostas como pais nos ajuda a administrar *nossas próprias* emoções e preocupações, nos impedindo de jogá-las de maneira involuntária sobre nossos filhos. Muitas vezes, em momentos de emoções aceleradas, nos movemos rapidamente, rápido demais, sem nos dar tempo para descobrir o melhor caminho. Agimos com base em nossos próprios medos e no desejo inabalável de proteger nossos filhos. Podemos agir sem pensar. Quando isso acontece, corremos o risco de intervir com muita força, ainda que de forma amorosa. Podemos minar a capacidade natural de nossos filhos de desenvolver a consciência do arbítrio e a habilidade para superar desafios, que são a base para um crescimento positivo. Além disso, ações excessivamente invasivas por parte dos adultos, ainda que bem-intencionadas, podem envergonhar os filhos em vez de dar suporte a seu crescimento. Minha abordagem auxilia os pais a encontrar o ponto ideal, em que estejam ao mesmo tempo presentes e preparados e, assim, capazes de proporcionar orientação e, quando adequado, soltar a criança para que ela teste a própria resiliência em segurança.

O livro está organizado em duas partes. A primeira, "As raízes da resiliência", reconhece por que tempos de incerteza são tão perturbadores e provocam tanta ansiedade em todos nós, pais e crianças, a fim de estabelecer as bases de minha abordagem. Em seguida, examinaremos o que podemos aprender ao lidar com o estresse, a adversidade e as experiências traumáticas e por que é importante entender isso para ajudar as crianças a crescer diariamente, estabelecendo os fundamentos que elas necessitam para enfrentar a vida, seja em tempos difíceis ou nos mais simples. Essa primeira parte também inclui uma explicação da psicologia e da neurobiologia da relação de apego, da essência da conexão primordial entre você e seu filho e de como você pode continuar construindo essa conexão à medida que seu filho se torna mais independente. Esse relacionamento está diretamente ligado ao modo como as crianças enfrentam a vida, lidam com emoções e os obstáculos que, inevitavelmente, enfrentarão, tudo no caminho para o desenvolvimento da resiliência. Você também aprenderá a enxergar a influência que sua própria infância exerce sobre sua parentalidade, um fator primordial na compreensão de seu relacionamento com seu filho e de suas reações a ele, assim como aprenderá a apoiá-lo da melhor maneira. Esse processo envolve observar como você foi criado e identificar as peças que faltaram ou as oportunidades que foram perdidas em sua educação e que podem estar silenciosamente motivando sua ansiedade e suas ações com seus filhos.

A segunda parte se concentra nos cinco pilares da resiliência de seu filho, apresentados juntamente com diversas estratégias práticas que pais podem usar desde já para ajudar os filhos a desenvolver competências que embasam a resiliência. Os cinco pilares mostram aos pais como:

- proporcionar segurança emocional para que a criança desenvolva autoconfiança;
- ajudar seu filho a aprender a se regular emocionalmente de modo que ele possa controlar suas emoções;
- estabelecer limites e ao mesmo tempo liberdade para cometer erros, de modo que seu filho se sinta motivado a explorar e aprender;
- conectar-se com seu filho de modo que ele desenvolva habilidades sociais, empatia e confiança para se conectar autenticamente com outras pessoas;

- aceitar seu filho como ele é, sem julgamento ou vergonha, para que ele se aceite e se ame, algo fundamental para o bem-estar, a felicidade e a compaixão.

Esses pilares de resiliência não são um conjunto linear de orientações e podem ser usados da maneira ou na ordem que faça mais sentido para você e sua família. Juntos, eles permitirão que seu filho prospere, mesmo em tempos mais difíceis. No final das contas, ainda que criar filhos nos dias atuais pareça assustador, me apego ao fato de que sou uma otimista incurável, cheia de esperança em nosso futuro. Meu otimismo vem do fato de que vi centenas — se não milhares — de crianças e pais superarem inúmeras situações que a princípio pareciam intransponíveis e, com apoio e conexão, seguir em frente com força e resiliência. Em cada criança, adolescente e adulto em formação existe um jovem preparado para crescer, aprender e florescer apesar das imperfeições inevitáveis em seu ambiente ou dos obstáculos em seu caminho. Vejo pais sob uma luz semelhante: são indivíduos que chegam à parentalidade com a própria história e que querem, acima de tudo, fazer o que é melhor para o filho, mesmo quando é difícil. Na vida de todos nós, os desapontamentos, temores, perdas e dores são inevitáveis, mas eles também fornecem oportunidades para pais ajudarem seus filhos a se adaptar e crescer. Os momentos desafiadores são dádivas não intencionais de construção de resiliência.

Criar filhos não é uma tarefa apenas para hoje, ou para este momento; é uma empreitada para a vida toda. Os benefícios de alimentar seu relacionamento com seu filho, com o olhar tanto no presente quanto no futuro, proporcionam à criança uma oportunidade robusta e contínua para desenvolver habilidades emocionais e sociais que permitirão a ela se tornar quem é por completo — uma pessoa independente e talentosa, atenciosa e compassiva e, mais importante, capaz de lidar com os altos e baixos da vida e prosperar. Igualmente importante é criar filhos que queiram voltar para casa, para você, mesmo quando forem adultos e estiverem no mundo.

PARTE I

AS RAÍZES DA RESILIÊNCIA

1

Oportunidade em tempos de incerteza

Pandemia global, altas taxas de mortalidade, agitação racial e social, economia frágil, isolamento social e desastres climáticos. Qualquer um desses fatores pode criar a sensação de incerteza. E, é claro, em tempos de incerteza, é natural sentir-se mais ansioso, especialmente se você cuida e é responsável por seus filhos. Você começa a duvidar dos próprios instintos e a ter menos segurança na interação com os filhos e entra no modo de preocupação generalizada, confundindo consequências de longo prazo com resultados inevitáveis. Desse ponto de vista, muitos pais enxergam o futuro como um enorme e terrível desconhecido para o qual é impossível se preparar.

Essas preocupações não são irracionais. Como psicóloga infantil especializada nos efeitos do trauma na população, fiz da missão da minha vida entender a melhor maneira de preparar as crianças para prosperarem a despeito das adversidades. Mesmo antes da pandemia, mudanças sociais em larga escala já impactavam a vida familiar diária. A presença universal e a dependência quase total da tecnologia, a influência perniciosa das mídias sociais, a escassez de oportunidades para qualquer atividade presencial e o medo crescente relacionado às mudanças climáticas têm ameaçado a saúde e o bem-estar de crianças e adolescentes — e colocado uma pressão cada vez maior nos ombros dos pais para proteger seus filhos de um futuro difícil de ser imaginado. Sem dúvida, hoje os pais se sentem sobrecarregados e frequentemente inseguros, incapazes de acreditar que sabem criar seus filhos da melhor maneira sob tanto estresse, tanto concreto quanto existencial.

Mesmo em tempos melhores, ser pai demanda trabalho duro e intencional. A responsabilidade de proteger, nutrir e cuidar de nossos seres mais preciosos nos desafia ao máximo — independentemente de nossos recursos — e pode nos deixar extremamente vulneráveis. Durante tempos de incerteza, essa vulnerabilidade é intensificada. Mesmo mudanças triviais podem nos fazer sentir menos alicerçados. Nesse estado, qualquer situação que crie perturbações no cotidiano tem o potencial de desencadear uma resposta em nível celular no cérebro e no corpo. Quando ativada, essa resposta automática de luta-fuga-congelamento aumenta a ansiedade e dificulta a distinção entre perigo real e imaginado. Nossas reações e a forma como o cérebro responde seja a mudanças incidentais aparentemente pequenas ou a eventos maiores, até traumáticos, seguem padrões neurobiológicos semelhantes, porque, como humanos, só contamos com um caminho de resposta ao estresse, independentemente da magnitude deste. (Falaremos mais da resposta humana inata ao estresse no Capítulo 4.)

Em um estado agravado de alerta e preocupação, torna-se difícil não apenas manter a sensatez e a clareza quanto à melhor maneira de criar os filhos, mas também lembrar de uma verdade notável e cheia de esperança: dada a neuroplasticidade do cérebro (a habilidade do cérebro de mudar ou se reprogramar com base em novas experiências), todos temos a capacidade de nos adaptar até mesmo aos desafios mais difíceis. Essa habilidade de adaptação é essencial para nossa sobrevivência e fundamental para desenvolvermos resiliência e nos recuperarmos após dificuldades e traumas. Pense em um paciente que sofreu um AVC e que, inicialmente, não consegue mover a mão, mas aos poucos, e com exercícios, recupera essa capacidade à medida que seu cérebro se adapta e restaura a função. Ou em um jovem estudante com TDAH que, transferido pelos pais para uma escola mais solidária, aprende a se concentrar e ganha confiança. Uma criança com quem trabalhei após os ataques ao World Trade Center reagia com acessos de raiva prolongados e com recusa a dormir sempre que um alarme disparava no prédio para onde sua família fugiu quando os aviões atingiram as torres vizinhas, ou quando ouvia qualquer sirene. Graças ao apoio de seus pais e a exercícios com um alarme que ela podia ligar e desligar, os acessos diminuíram e ela parou de ter reações tão intensas. Seu cérebro se readaptou ao barulho e aprendeu que ele não era mais uma ameaça. Então, embora o estresse da incerteza ponha à prova nossa capacidade de adaptação, ele é extremamente importante para nossa habilidade de aprender e incorporar informação nova, de usar conhecimentos e compreensão emocional para nos ajustar a novos ambientes e de enfrentar e passar por situações difíceis e restabelecer o equilíbrio — tudo isso compreende a essência da resiliência.

Durante a pandemia, conduzi uma pesquisa com mais de cem famílias cujos filhos tinham menos de 8 anos de idade para desenvolver um entendimento com mais nuances do efeito psicológico e social provocado pela incerteza que acompanha os efeitos em larga escala da pandemia. Queria entender como pais e crianças reagiram e se adaptaram àquela situação sem precedentes. A mudança comportamental nas crianças mais relatada durante o primeiro ano da pandemia foi a regressão — elas voltaram a fazer xixi na cama, a acordar durante a noite ou a usar linguagem de bebê —, assim como uma incapacidade ampliada de cuidar de si mesmas. No caso das crianças mais velhas, isso se expressou em maior suporte dos pais e perda de independência. Conversei com um pai cujo filho pequeno, normalmente alegre e com apetite saudável, recusava-se durante dias a comer qualquer coisa, em reação às rápidas mudanças e ao estresse em casa. (Com a intervenção do pediatra, a criança voltou a comer.) Rivalidades entre irmãos se tornaram mais intensas em todas as idades, causando brigas que intensificavam o quociente de estresse no ambiente familiar. Do ponto de vista psicológico, essas mudanças comportamentais mostram crianças em processo de adaptação às novas circunstâncias. Foi a pandemia em si ou foi a súbita necessidade de ajustamento provocada pela pandemia que causou tais reações? Minha pesquisa e experiência apontam para a segunda alternativa.

Vou explicar.

Qualquer tipo de mudança demanda reajustes — emocionais, físicos, cognitivos. Grandes mudanças na vida requerem de nós interação com nossos pares ou familiares de maneiras ligeiramente (ou consideravelmente) diferentes. Às vezes, esses ajustes acontecem de forma automática; em outras, podem levar mais tempo — um dia, uma semana, até um ano —, porém pegamos, aos poucos, o jeito de um novo trajeto na cidade, ou encontramos um novo supermercado ou pracinha favoritos. Esses ajustes podem parecer inconsequentes, até superficiais. Mas digamos que você seja uma pessoa mais velha a quem dirigir até o supermercado custe mais energia e tempo; para essa pessoa, aprender um novo trajeto pode ser extremamente estressante, até perturbador. Ou digamos que, ao chegar à lavanderia de costume depois de ter passado um tempo gripado, você descobre que ela está fechada porque o horário de funcionamento mudou e simplesmente perde o controle e começa a chorar. Todos já tivemos um dia desses, quando uma pequena exceção à regra parece insuportável. Internamente, estamos nos esforçando para exercer o chamado *status quo* nos mantendo fiéis ao que é familiar — na contramão das novas e alteradas circunstâncias. É por isso que gostamos de rotinas: elas nos alicerçam e nos confortam. O conhecido traz um sentimento de calma para a mente e o sistema nervoso. Quando nos deparamos com mudanças, nosso cérebro está mais ou menos programado para passar por uma sequência de ajustes. Primeiro, tomamos consciência da mudança; então tentamos e determinamos se podemos lidar com ela (uma avaliação que pode causar variados níveis de ansiedade ou excitação); e então reagimos — nos ajustando bem ou com dificuldade... ou algo entre um e outro. Nenhuma dessas reações está certa ou errada.

Pessoas que conseguem se ajustar com mais facilidade podem ser consideradas flexíveis ou mais adaptáveis; as que têm mais dificuldade de fazer ajustes podem ser consideradas mais rígidas. Esses adjetivos não são julgamentos de valor, mas falam de um *continuum* de adaptabilidade muito real e parcialmente inato. A maioria das pessoas é mais facilmente adaptável algumas vezes e menos em outras; adaptabilidade e rigidez podem variar de acordo com as circunstâncias. A boa notícia é que todos podemos aprender a nos tornar mais adaptáveis e a nos ajustar a mudanças com maior facilidade, ou seja, a nos tornar mais resilientes. Isso, novamente, aponta para a natureza da neuroplasticidade.

Na raiz, adaptar-se sob pressão diz respeito a resiliência, que não é uma característica nem uma competência estática que possuímos ou não; a resiliência e a capacidade de ajuste ideal dependem de um conjunto de recursos internos que podem ser desenvolvidos e aperfeiçoados. Esses recursos formam os cinco pilares que descreveremos nos capítulos da segunda parte deste livro:

1. a confiança de que você ficará bem apesar do atual fator de estresse;
2. a capacidade de administrar emoções;
3. a motivação para atuar ou exercer algum controle sobre a situação;
4. a sensibilidade para pedir ajuda e se conectar com outras pessoas;
5. a convicção de que você é importante.

Esses recursos são desenvolvidos ao longo do tempo e em reação a eventos e experiências de vida. No entanto, o relacionamento pai-filho fornece uma oportunidade singular de ajudar nossos filhos a desenvolverem recursos de resiliência. Cada vez que ajudamos uma criança em um desafio, pequeno ou grande, e a ajudamos a ser mais autoconsciente, ela se torna capaz de gerir emoções difíceis que, de outra forma, poderiam interferir em seu funcionamento cotidiano — como entrar no ônibus da escola, socializar com os colegas, praticar um novo esporte ou fazer uma prova. Se nos fazemos presentes, mesmo que observando de canto, conforme a criança desenvolve arbítrio e aprende que não há problema em pedir ajuda, ela cria a compreensão interna de que pode lidar com desafios presentes e futuros. Se nos mantemos conectados e atentos, se demonstramos que ela é valorizada, amada e aceita por quem é, a criança desenvolve uma base forte, como um reservatório ao qual recorre quando enfrenta estresse e dificuldades.

Esses recursos essenciais da resiliência são fundamentais para que nossos filhos possam ter vidas plenas e significativas, na medida em que lhes permitem corrigir o prumo e seguir em frente; se envolver e aprender agora e sempre; não apenas sobreviver a situações severas, mas também prosperar apesar das dores e perdas que podem acompanhar o trauma. Sempre haverá estresse e desafios na vida de seu filho; isso é certo. E eu não pretendo aqui ignorar ou simplificar demais as dificuldades e tragédias que muitas famílias vivenciam; não há dúvida de que o trauma, em particular quando composto de outros múltiplos, pode causar cicatrizes duradouras, e são necessários recursos e apoio para aliviar tais consequências. Contudo, dentro e fora dessas situações perigosas, pais estão posicionados para responder de forma tanto a amortecer o impacto quanto a apoiar o crescimento dos filhos. Apoiar nossos filhos para que se beneficiem de respostas positivas durante períodos de estresse é prepará-los para ter sucesso na vida.

Os efeitos protetivos
do relacionamento parental

Meu interesse no relacionamento pais-filhos começou cedo e me desafiou quase imediatamente. Uma das primeiras oportunidades que tive para aprender sobre essa dinâmica foi quando, adolescente, trabalhei em um programa de verão para crianças com diferentes desafios emocionais e sociais. Uma menina, Emma, chamou minha atenção e até hoje chama. Ela tinha 4 anos e havia sofrido abusos da mãe, que tinha uma doença mental grave e perdera os direitos parentais.

Sempre que um professor estabelecia um limite para Emma (por exemplo, não é certo bater em outra criança), ela gritava bem alto, de maneira quase incontrolável, chamando a mãe. No início, fiquei chocada com esse comportamento, mas logo me intrigou o poder dessa pessoa, a única cuidadora que ela conhecia. Quando Emma se sentia frustrada ou vulnerável, chamava pela pessoa que a tinha machucado e a fizera se sentir insegura, de quem ainda esperava proteção. Essa observação me deixou curiosa sobre o papel poderoso dos pais e as necessidades fundamentais de segurança e proteção dos filhos — tão fundamentais que, em um momento de necessidade, chegavam a chamar por um pai abusivo. Eu ainda não conhecia termos como "estresse tóxico", "trauma", "apego" ou "resiliência", mas logo aprenderia sobre eles e os relacionaria. O que poderia acontecer quando uma criança sofresse coisas ruins e dolorosas, e o que os pais poderiam fazer para assegurar que seus filhos não sofressem impactos negativos a longo prazo? Que papel essencial eles tinham no desenvolvimento dos filhos, em especial diante de eventos negativos ou potencialmente dolorosos na vida? Essas questões me motivaram por décadas.

Mais tarde, durante minha graduação na Universidade do Michigan, optei por estudar e pesquisar mais a fundo as relações de apego entre pais e filhos. Isso foi no início das investigações sobre essa área. Filmei dúzias de protocolos de apego de pais e filhos, chamados de Situação Estranha, hoje um conhecido paradigma de pesquisa para avaliar os fatores que definem a qualidade da relação de apego entre o pai e a criança. Samuel Meisels, meu mentor, estava estudando, em uma amostra de crianças nascidas prematuramente, os efeitos que o apego inicial poderia ter sobre as capacidades de socialização de uma criança na pré-escola.

Com meu olhar jovem e ainda não treinado, observei uma ampla variedade de reações por parte das crianças quando seus pais saíam da sala como parte do protocolo e então retornavam. Algumas crianças se fechavam, outras gritavam, algumas brincavam. No retorno, a maioria, independentemente da intensidade do comportamento em reação à saída da mãe, se sentia confortada, acalmada e logo regressava à exploração e à brincadeira. Em outras palavras, confiança e curiosidade voltavam à criança assim que seu principal cuidador, sua segurança, retornava. Mas me geraram preocupação e curiosidade aquelas crianças incapazes ou reticentes em brincar ou interagir novamente com o ambiente depois do retorno do pai.

Esse grupo menor de crianças se fechava e ficava quieto; chorava e não era possível consolá-lo; ou se afastava da mãe e lhe virava as costas. O que haveria na qualidade do relacionamento que era tão necessário para uma criança prosperar? Então comecei a me questionar sobre as consequências caso coisas ruins ocorressem dentro daquela díade — o relacionamento entre pai e filho. Impactos negativos poderiam ser superados? Se sim, como? Terminei a faculdade com muitas dúvidas sobre crianças e como apoiá-las, mas, mais importante, com o desejo de saber mais sobre essas pessoas incrivelmente curiosas e em desenvolvimento.

Em seguida, no fim dos anos 1980, busquei uma oportunidade para trabalhar com crianças e famílias nos terríveis abrigos para sem-teto de Nova York e examinar de perto as complexidades que afetavam o relacionamento entre pais e filhos. Pude trabalhar diretamente com crianças pequenas, algo que eu amava fazer, e observar o que acontecia com as crianças quando as famílias viviam em condições de superlotação, sob estresse extremo, enfrentando um nível de incerteza e medo com o qual ninguém jamais deveria ter que lidar. De forma simultânea e relacionada a esse trabalho de campo, conduzi uma pesquisa com a cientista política Janice Molnar, no Bank Street College of Education, com crianças que viviam nesses abrigos para sem-teto (na época, chamados de "hotéis de bem-estar"). Foi perturbador testemunhar o nível de estresse, e mesmo de terror, que as famílias enfrentavam devido ao conjunto de traumas que minavam qualquer capacidade dos pais de proporcionar segurança básica — como a falta de habitação permanente, a violência e a insuficiência alimentar. No entanto, o que também vi foram mães (a maioria dos abrigos permitia apenas mães com crianças) que, contra todas as possibilidades, continuavam a encontrar formas de proteger seus filhos de danos duradouros. Também vi pais que, sob o insuportável peso que carregavam devido a tudo isso, eram incapazes de proporcionar aos filhos a segurança psicológica ou física de que estes necessitavam. Me perguntei mais uma vez: por que um conjunto de pais conseguia fornecer cuidado protetivo mesmo com obstáculos inimagináveis em seu caminho, enquanto outros, muito compreensivelmente, dadas as circunstâncias, eram incapazes de atender a essas necessidades essenciais dos filhos?

Da pesquisa sobre o apego, eu sabia que nos primeiros anos da infância não são as circunstâncias ou ambientes externos que necessariamente definem a sensação de segurança de que as crianças precisam para crescer e se desenvolver de forma ideal, embora possam tornar mais fácil ou mais desafiador o estabelecimento da segurança necessária. O que mais importa é a *qualidade* das interações com os pais ou protetores. O que eu estava observando era exatamente este fenômeno: por mais dura e difícil que fosse a situação no abrigo para sem-teto, muitas famílias com crianças pequenas, amontoadas em uma situação de moradia escura e superlotada, estavam indo bem. Observei determinadas maneiras pelas quais pais se conectavam e forneciam o apoio necessário, apesar das circunstâncias adversas:

- estavam presentes e em sintonia com as necessidades físicas *e* emocionais da criança;
- eram calmos e solidários nas interações com os filhos, capazes de se concentrar em acalmá-los quando estes estavam chateados ou desnorteados;

- incentivavam os filhos a brincar e explorar o ambiente; quando possível, brincavam e se divertiam com as crianças;
- mantinham-se conectados em meio a situações caóticas e estabeleciam rotinas diárias.

Minhas observações das famílias nos abrigos eram consistentes com a pesquisa: pais, quando cientes e sintonizados, mesmo enfrentando realidades duras, com recursos financeiros ou materiais mínimos, ou fatores de estresse ainda maiores, ajudavam os filhos a se adaptar, ajustar e crescer. Eles conseguiam fazê-lo apesar do estresse no cérebro e no corpo que acompanha quaisquer circunstâncias perturbadoras, prejudiciais e totalmente incontroláveis. O projeto recebeu o título de "Home is Where the Heart Is" [Lar é onde está o coração], porque estava claro para a equipe de pesquisa que a sensação de lar e conforto era possível e necessária, independentemente de onde se vive ou dos desafios que se enfrenta.

Testemunhei a ocorrência desse efeito protetivo diversas vezes durante minha preparação como psicóloga, no trabalho com crianças que enfrentavam os mais graves desafios — desde abuso físico e sexual, perda dos pais até doenças crônicas ou potencialmente fatais, incluindo aids. Normalmente, os pais também enfrentavam dificuldades. Ainda assim, em todos os casos, o que fazia a diferença para a criança se sair mais ou menos bem era a qualidade do relacionamento com seus pais: quanto mais sólido fosse o relacionamento, quanto mais conectado fosse o pai, mais capaz a criança era de se adaptar e se ajustar às mudanças ou circunstâncias estressantes. Uma boa adaptação exprimia uma resiliência mais robusta.

Eu estava esperançosa; se conseguisse identificar os fatores protetivos, talvez entendesse melhor como crianças passam por estresses e traumas e ainda assim se desenvolvem de maneira saudável. Também teorizei que a superação dos fatores de estresse poderia, potencialmente, deixar as crianças mais fortes e mais adaptáveis a quaisquer desafios futuros. Sempre haveria danos, claro, mas eu estava interessada nos pontos fortes e examinava as condutas protetivas que pais exibiam sob condições extremas como ingredientes fundamentais para uma parentalidade sintonizada e para o desenvolvimento infantil no geral.

Foi essa questão que me levou de volta à universidade, para entender melhor a natureza do relacionamento entre pais e filhos. O que habilitava pais a serem presentes para seus filhos? O que eles precisavam em termos de apoio para realizar esse trabalho protetivo? Da mesma forma, eu estava interessada em saber o que poderia impedi-los de estarem disponíveis e sintonizados. Queria identificar o que fazem os pais nas interações cotidianas com os filhos — desde rotinas até cuidado amoroso — que assumiria uma importância tão grande em tempos difíceis. Me matriculei na Universidade Duke para estudar psicologia clínica e de desenvolvimento sob a orientação de Martha Putallaz, que estava conduzindo pesquisas inovadoras acerca da influência mútua de pais e colegas no desenvolvimento infantil, tanto ideal quanto problemático. Comecei a examinar as memórias e estruturas sociais que figuras parentais trazem da própria infância e de que lançam mão para socializar seus filhos no influente mundo dos relacionamentos entre pares. Acreditava que essa linha de pesquisa ajudaria a lançar luz sobre o motivo do sucesso de algumas crianças no mundo social, enquanto outras se atrapalham ou são completamente rejeitadas, o que as coloca em risco de problemas sociais, emocionais, acadêmicos e até físicos.

Mais uma vez, meu foco foi examinar quais processos ajudariam ou prejudicariam uma criança em seu desenvolvimento. Minha parte otimista pensava em maneiras de ajudar pais que estavam se debatendo nesse campo, para que seus filhos não precisassem seguir o mesmo caminho desafiador. Podemos considerar isso a intersecção entre psicologia do desenvolvimento e clínica, em que o pesquisador se concentra no *continuum* entre o desenvolvimento ideal e o potencialmente problemático.

Enquanto conduzia a pesquisa sobre influência parental, também comecei a atuar na clínica como parte do doutorado em psicologia. Logo no início, tive a sorte de conhecer Bessel van der Kolk, autor de *O corpo guarda as marcas* e atualmente considerado um dos maiores especialistas na compreensão neurobiológica de experiências traumáticas. Na época, Van der Kolk estava nos estágios iniciais da elaboração de sua teoria segundo a qual experiências traumáticas não são vivenciadas e lembradas apenas pelo cérebro, mas que o sistema nervoso do corpo como um todo tem uma participação importante em como e por que o trauma tem efeito tão duradouro sobre nós. Durante muitos anos, o transtorno de estresse pós-traumático (TEPT) foi explicado através das lentes de soldados que tinham muita dificuldade em se readaptar após a experiência da guerra, e o trabalho de Van der Kolk ampliou a compreensão do trauma para áreas além da guerra e ajudou a definir como ele se estabelece profundamente no corpo e na alma de uma pessoa. Foi um dos primeiros cientistas a revelar a verdade sobre o TEPT.

Compartilhei com ele o interesse na etiologia e efeitos do trauma e fui profundamente impactada por uma série de seminários que Van der Kolk conduziu. No entanto, minha pesquisa se concentrava mais na compreensão do mundo através dos olhos das crianças. Ainda assim, aprendi informações valiosas com o trabalho de Van der Kolk sobre a natureza do trauma e sua pesquisa com minha supervisora clínica, Susan Roth, que me ajudou a formular minhas próprias questões. Eu sabia que não era apenas o evento em si que causa o trauma; há múltiplos fatores, que incluem o temperamento da criança, a forma como ela vivencia o evento, sua interpretação dele, o apoio que ela recebe. Então, como nós — pais em especial — poderíamos ajudar a moldar a narrativa que emerge do evento ou da situação? Como o efeito de proteção interfere de modo que o trauma não crie raízes no sistema corpo-cérebro da criança? Como pais podem ajudar a evitar a criação de comportamentos em torno de eventos que reforcem a dor, a vergonha e o sofrimento?

Por que a neurobiologia do apego é importante

O efeito protetor proporcionado pelos pais se liga a nossas células e se enraíza na relação de apego entre pai e criança. Essa relação inicial não é meramente uma ligação emocional, mas um sistema de base neurobiológica que permite que bebês e crianças se desenvolvam de maneira adequada. Os bebês são neurobiológica e fisicamente preparados para se apegar aos cuidadores e motivá-los a cuidar de suas necessidades; de modo semelhante, os cuidadores primários (normalmente os pais) estão mais ou menos preparados para permanecer perto da criança, sintonizar-se com ela e responder a suas necessidades básicas. O trabalho seminal de Myron Hofer, pesquisador da Universidade de Columbia, se concentrou na conexão neurobiológica vital entre pai e filho; em sua pesquisa, que se estendeu por décadas, Hofer demonstrou que o vínculo entre pai e filho atua como um regulador "oculto" do sistema nervoso da criança. Compreender os mecanismos pelos quais o apego inicia esse efeito regulador pode ajudar pais a aprofundar sua percepção do motivo por que são tão importantes para o desenvolvimento adequado do sistema neural da criança, para a regulação do corpo-cérebro e para sua capacidade de lidar com o estresse e se adaptar a mudanças.

A relação de apego entre pais e filhos é uma força poderosa que desencadeia uma série de processos biológicos, emocionais e cognitivos em cascata. Ao longo dos últimos quarenta anos, a pesquisa sobre o apego se ampliou e se aprofundou, revelando a neurobiologia subjacente ao relacionamento parental/cuidador e criança e como ele promove o desenvolvimento do cérebro e do sistema nervoso da criança. Nomeadamente, a resolução do enigma começou com uma série de estudos longitudinais conduzidos com órfãos romenos que haviam sido abandonados e colocados em instituições superlotadas durante os anos de ditadura, na década de 1990. Ao mesmo tempo, pesquisadores da Universidade de Minnesota estavam acompanhando a infância de um grupo de crianças em situação de risco e seus pais, para entender o papel do apego no processo de desenvolvimento. Tais estudos paralelos descreveram o vasto impacto de uma relação de apego precoce e contínua, assim como as consequências da privação desse relacionamento vital para os bebês.

Os pesquisadores acompanharam os órfãos romenos desde a primeira infância até a adolescência e compararam seu desenvolvimento com o de crianças romenas que não haviam vivenciado o cuidado institucional. Os estudos visavam investigar os efeitos da separação/abandono parental, da grave privação, da negligência e do cuidado institucional no desenvolvimento cognitivo, emocional e social das crianças. Os resultados foram impactantes e revelaram que as crianças que haviam passado os primeiros anos sob o cuidado institucional corriam o risco de sofrer atrasos significativos no desenvolvimento, incluindo baixas pontuações de QI, desenvolvimento deficiente da linguagem e problemas emocionais e comportamentais. Os estudos também descobriram que crianças que foram adotadas mais cedo (entre 6 meses e 2 anos) e que tiveram acesso a uma série de recursos apresentavam melhores resultados do que aquelas que permaneceram mais tempo sob os cuidados institucionais; os resultados sugeriam que a intervenção precoce e o subsequente apego seguro a um cuidador ajudam a diminuir os efeitos negativos da privação na primeira infância. O acesso a um cuidado sensível proporcionou às crianças adotadas na primeira infância a oportunidade de se adaptar de forma positiva.

Essa pesquisa sobre privação não é apenas impactante, também fornece informações cruciais sobre o que o apego seguro provoca no cérebro e no sistema nervoso em crescimento da criança e, consequentemente, sobre a melhor maneira de apoiar e estruturar o desenvolvimento de qualquer criança. Ademais, ela aponta para o alto custo de não ter uma figura de apego consistente. Como muitos estudos que se concentram em problemas ou doenças, as iniciativas ajudaram clínicos, educadores e outros pesquisadores a identificar tanto as consequências da privação na primeira infância quanto a importância da relação de apego e a necessidade de proteção no início da vida.

Considere que recém-nascidos chegam ao mundo com aproximadamente cem bilhões de neurônios e, para que seu cérebro entenda os incontáveis sinais desses neurônios, eles dependem da ajuda dos pais no desenvolvimento das conexões neurais e na regulação da sinalização no interior das células do cérebro. Pais são os principais organizadores do cérebro do filho. Para que seu corpo-cérebro se forme e funcione, crianças requerem proximidade física e cuidado consistente dos pais. Quanto mais responsivo for o cuidador ou pai, mais sólidas serão as conexões neurais e mais adequadamente a criança desenvolverá as sementes da resiliência — física, emocional e cognitivamente.

Há muitas formas de os pais ajudarem a organizar o cérebro e o corpo dos bebês, a começar pela satisfação de suas necessidades básicas — proteção contra perigos, alimentação nutritiva, sono suficiente, vestuário e aconchego, estímulo sensorial, sensibilidade e atenção. Uma vez que as necessidades básicas sejam satisfeitas, tem-se uma base para as interações cotidianas: amamentar ou alimentar o bebê, segurar e aconchegar, cantar ou falar com o bebê ou a criança pequena, dar assistência a uma criança em sofrimento. Esses comportamentos podem parecer simples e naturais, porém, como você se lembra da pesquisa de Hofer citada anteriormente, crianças já nascem preparadas para *provocar* esse comportamento nos cuidadores. Quando uma criança chora, grita ou sorri, está sinalizando para que suas necessidades sejam atendidas — "estou com fome", "não estou confortável", "preciso ser trocado", "estou feliz e quero me conectar". Quando o pai responde a tais sinais, envia uma poderosa mensagem ao cérebro em rápida formação da criança para criar as conexões neurais indispensáveis que fornecem a base para o funcionamento de todas as áreas vitais, agora e no futuro.

Mais de uma dúzia dos principais estudos longitudinais (assim como estudos de curto prazo) avaliou o apego no primeiro ano de vida e o mapeou no desenvolvimento através da infância e adolescência, e mesmo na idade adulta. Em todos os estudos, os pesquisadores descobriram que crianças que receberam apego seguro desde o início da vida eram mais capazes de lidar com as próprias emoções e demostravam menos sinais de ansiedade conforme cresciam. O parental sintonizado e conectado reduz a aflição, bloqueia a liberação de hormônios do estresse e ajuda a modular emoções; o resultado é um efeito potencialmente permanente no desenvolvimento neurobiológico da criança. Apego seguro ainda está associado a maiores habilidades cognitivas (em termos de raciocínio verbal, memória, raciocínio perceptivo e velocidade de processamento) e a sistemas imunológicos mais robustos. Em suma, apego seguro não é apenas um fator determinante para o desenvolvimento mais favorável possível, mas vital mesmo.

A qualidade do relacionamento pai-filho reflete o nível de segurança e confiança que a criança obtém por estar nessa relação de apego primária. No início dos estudos sobre o apego, os pesquisadores Mary Ainsworth, Mary Blehar, Everett Waters e Sally Wall estudaram intensamente as interações entre mães e bebês ao longo do primeiro ano de vida e identificaram três padrões de qualidade de apego. Um quarto padrão foi identificado posteriormente. O principal grupo de crianças identificado foi classificado como apegado seguramente: eram bebês cujo pai estava consistentemente presente e sintonizado com eles, garantindo a segurança de que responderia a suas necessidades e estaria disponível em momentos de aflição; os bebês demonstravam aflição e diminuição nas brincadeiras na ausência do pai, e conforto e reengajamento após o retorno deste.

Dois outros estilos de apego distintos foram identificados como inseguros — ambivalente/resistente e evitante — e típicos de bebês que exibiam insegurança de que o cuidador estaria disponível em um momento de necessidade. Crianças que demonstram apego evitante tendem a evitar ou ignorar os cuidadores quando estes retornam; elas podem virar as costas ou se afastar, mesmo quando precisam deles — assim como as crianças que observei durante minha formação e que despertaram meu interesse em estudar o relacionamento entre pai e filho. As crianças com apego evitante tendem a não buscar conforto e apoio quando estão aflitas, o que transmite a sensação de independência e autoconfiança precoce, já que aprendem a não contar com que os pais estarão sintonizados ou responderão a suas necessidades. Estudos demonstram que, como consequência, elas desenvolvem uma estratégia para minimizar as necessidades emocionais mesmo quando seus hormônios de estresse estão em alta, isto é, indicando aflição e necessidade de conforto. Essas crianças então tendem a reter as emoções. Se uma criança sente que ninguém responderá a suas necessidades, minimiza seus sentimentos como forma de autoproteção. Crianças com apego ambivalente/resistente desenvolvem uma reação adaptada própria à inconsistência nos padrões de resposta dos cuidadores — que às vezes respondem de forma sensível, e, em outras, as ignoram ou rejeitam. Elas tendem a demonstrar comportamentos pegajosos ou excessivamente dependentes em relação a seus cuidadores, exibindo falta de segurança de que estes estarão disponíveis e dificuldade para serem confortadas com o retorno deles. Devido a essa falta de segurança, são hesitantes em explorar seu ambiente mesmo com a proteção de um adulto, pois concentram a atenção em monitorar o cuidador.

Ainda que os padrões de apego identificados — assim como as décadas de pesquisas subsequentes — apontem para a necessidade essencial de um apego seguro, é importante ter em mente que estilos de apego não são estanques, ou seja, podem mudar com o tempo. Relacionamentos entre pai e filho podem se ajustar, muitas das vezes mediante intervenções de apoio. Além disso, à medida que as crianças saem para o mundo, haverá influências adicionais que afetarão seu bem-estar, incluindo a formação de laços e relacionamentos com outras pessoas que se apresentarão como figuras de apego — membros da família, professores, outros adultos. Essa rede de relacionamentos aponta para a possibilidade de um "refazer" do apego, o que também remete à plasticidade inerente do cérebro humano.

No entanto, também sabemos que a melhoria das relações de apego é um processo que demanda sutilezas quanto às necessidades da criança e cuidado altamente sintonizado. O laço de apego e o nível de confiança e segurança que o bebê, depois a criança, desenvolve se deve a um vaivém entre pai e filho (o que Jack Shonkoff, de Harvard, chama de "bate-bola" entre pai e filho e eu chamo de "a dança"). Essas interações contínuas que materializam a relação de apego e permitem que os pais sejam reguladores ocultos do estímulo emocional do filho. Nas interações cotidianas, pais ajudam o filho a lidar com os altos e baixos dos estímulos diários; Hofer chama isso de "habilidades construtivas" dos pais, isto é, as interações físicas e verbais que servem a pelo menos dois propósitos: relaxar e acalmar a criança e, ao mesmo tempo, reforçar a ligação neurobiológica saudável. A criança é mais ou menos dependente e utiliza o cérebro do pai como apoio para regular emoções até que o seu esteja mais formado e seja capaz de fazê-lo por si. No nível psicológico e emocional, o amor e o cuidado recebidos nas interações contínuas é que moldam a convicção interior da criança de que é protegida e cuidada. Sentimentos de segurança denotam tanto que ela está bem quanto que merece ser cuidada. As trocas diárias amorosas e respeitosas nos atos de segurar, alimentar, atender ao choro, colocar para dormir e acordar e comer se constituem comportamentos que reforçam a ligação íntima entre cuidador e bebê e ajudam continuamente a criança a se desenvolver de maneira adequada.

Com o tempo, a criança aprende a se regular de maneira cada vez mais independente, a suprir suas necessidades físicas e a administrar as próprias emoções (na maior parte das vezes) com base no contexto da relação de apego fundacional. Observamos essa evolução quando a criança busca um ursinho de pelúcia para abraçar na hora de ir para a cama; quando pede para ouvir uma música tranquila e agradável; quando começa a dizer que está com fome ou com dor e toma a iniciativa de buscar ajuda — nesses casos, ela está demonstrando uma consciência emergente das próprias necessidades. Entretanto, é um longo caminho até as crianças agirem completamente por conta própria; elas permanecem dependentes de você, o cuidador, ao longo do crescimento, mesmo (talvez ainda mais) com a distância crescente.

Recipientes e âncoras

É isso que nós, pais e cuidadores, proporcionamos a nossos filhos. Desenvolvemos um relacionamento que acolhe e ancora a experiência deles e estrutura o processo pelo qual desenvolverão os recursos internos de resiliência para que, quando estiverem prontos e se tornarem independentes, tenham o conhecimento interior necessário para administrar o estresse e se adaptar a mudanças de circunstâncias.

E como você se torna âncora e recipiente para seu filho?

Você faz isso construindo um relacionamento consistente e flexível com sua criança ou adolescente, ou seja, um relacionamento em que esteja presente e sintonizado e cuja dinâmica seja ajustada conforme seu filho cresça, amadureça e atravesse mudanças. Sabemos que nossos filhos não serão bebês ou criancinhas para sempre, de modo que devemos encarar a realidade de que eles crescerão, deixarão o ninho e farão a própria vida (ainda conectados a nós, mesmo com a distância, ou assim esperamos). Há um desapego gradual que acontece ao longo dessa jornada com eles. Acredito que seja o desejo de todo pai que seu filho se torne independente e capaz de prosperar por si — caso seu filho seja muito novinho, vai ser difícil até mesmo vislumbrar esse objetivo futuro, eu sei.

À medida que seu filho cresce e se desenvolve, seu relacionamento com ele se transforma de modo que seu apoio vá se adequando à idade e às necessidades do momento; ao longo do processo, também haverá fatores ambientais que afetarão o relacionamento, incluindo os estressores diários e contínuos. Durante os tempos estressantes, ou mesmo em mudanças cotidianas mais leves, é seu relacionamento com seu filho que o ajudará continuamente a sentir-se alicerçado e capaz — inclusive quando você próprio não estiver se sentindo tão alicerçado. Seu relacionamento com seu filho é o que o apoia e o estabiliza, é o recipiente no qual você o acolhe. Não é exatamente você o recipiente, no sentido de que sua mera presença vá absorver os altos e baixos para que ele não sinta o impacto; seu relacionamento funciona, isto sim, como um espaço seguro onde ele se sente emocionalmente protegido. Ao mesmo tempo, é seu relacionamento que o ancora, atuando como uma base segura para onde seu filho pode voltar quando necessário e na qual encontrará conforto e cuidado.

O relacionamento é a conexão que vocês constroem ao longo do tempo e por meio das muitas interações e experiências compartilhadas. E, da mesma forma que o relacionamento com amigos, irmãos e até com um parceiro ou cônjuge muda, o relacionamento com o filho também. Você tem um papel central no que seu filho leva dentro de si e internaliza como modelo de relacionamento com outras pessoas e no desenvolvimento de sua autoconfiança. Mesmo meus filhos universitários me ligam para dar um alô e me atualizar. Embora o conteúdo seja outro, a situação não é tão diferente da criança em idade escolar que se sente aliviada e segura quando os pais voltam para casa depois do trabalho ou a buscam na saída do treino esportivo. Pais são a base de apoio dos filhos.

Já a forma como suprimos as necessidades de nossos filhos é dinâmica, porque elas mudam constantemente. A maneira como respondemos vai se tornando mais sutil e mais indireta. Recuamos para entender o que nosso filho precisa de nós ao longo do crescimento, desde os primeiros anos, passando pela adolescência, até a idade adulta. Ao mesmo tempo que percorrem (às vezes desfilam) o caminho da independência ou tentam aumentar gradualmente o grau de separação, as crianças desejam, esperam e precisam que os pais se reorientem em relação a elas. Pense que há uma corda unindo você a seu filho: quando ele é bebê, a tensão na corda é amorosamente firme e você se mantém bem próximo; conforme seu filho cresce, você tende a afrouxar a corda e consentir alguma distância, embora ainda se permita puxá-la carinhosamente e mostrar a seu filho que está presente, talvez fora do alcance das mãos e dos olhos, mas perto o bastante caso ele precise de você. Por sua vez, seu filho puxa a corda quando precisa que você se aproxime, permitindo-lhe entender suas necessidades e responder a elas. Assim, a flexibilidade da corda é uma via de mão dupla. Adolescentes e jovens adultos também se beneficiam dessa conexão: eles podem gritar para você "Me deixa em paz!", "Saia do meu quarto!" ou "Não preciso de você!", exclamações que, embora reflitam o desejo de um momento de privacidade, mais distância e independência, também refletem a vontade de que você esteja perto o suficiente quando for preciso, ainda que seja mais tarde (e pode acontecer de repente). Em outras palavras, a corda vai ficando mais longa e mais frouxa, mas continua ali, conectando vocês dois, com variações na tensão que sinalizam as necessidades da criança. Sim, mesmo adolescentes puxam a corda, normalmente quando você menos espera. Sem dúvida, isso pode ser confuso.

Como se já não fossem mudanças o bastante para considerar, os relacionamentos ainda variam de filho para filho. Não existe um manual de parentalidade que nos oriente a construir o melhor relacionamento; não existe tal conceito. Embora pareça óbvio, vale a pena destacar que relacionamentos são feitos pela interação de duas pessoas distintas, com histórias diferentes e necessidades eternamente mutantes. Podemos nos achar parecidos em temperamento ou personalidade com um filho, com o qual nos comunicamos com mais facilidade e fluidez. Você pode considerar outro filho completamente diferente e ter mais dificuldade para "ler" ou se relacionar com essa criança, entender o que ela quer ou responder a suas necessidades. Um filho pode gostar de proximidade física; outro pode preferir que você não toque em seu cabelo ou esfregue suas costas a menos que ele peça. Um filho pode ser o tipo de aluno que você foi — focado, diligente e muito preocupado com as notas —; outro pode trazer raríssimas tarefas para casa ou parecer desmotivado pelas notas, preferindo passar o tempo dançando, jogando videogames, mexendo no computador ou coletando insetos. A forma como você interage amorosamente com cada um vai variar: duas crianças diferentes, dois caminhos diferentes no mundo. Duas pessoas diferentes se relacionando com você.

2

Você conta

Todos nós somos um produto de nosso passado, uma combinação de nossas experiências e de nossa educação — o bom e o ruim, o que estimamos e o que gostaríamos que tivesse sido diferente, o que valorizamos e o que nunca tivemos. As conquistas e os desafios que enfrentamos durante a infância, assim como as decepções e perdas não resolvidas, afetam quem somos como pais. Alguns tiveram pais amorosos e cuidadosos e uma educação carinhosa e solidária. Outros tiveram histórias mais complicadas, marcadas ou definidas por experiências dolorosas, incluindo abuso, negligência, rejeição ou perda. Muitos tiveram uma combinação de experiências boas e ruins. Independentemente de nossa história individual, trazemos esse histórico para a parentalidade e quase nunca estamos cientes de seu efeito na relação com os filhos.

Todos fazemos nosso melhor como pais, mas os eventos de nossa própria infância e das experiências passadas podem aflorar de maneira súbita, aparentemente do nada. Se você se lembra de regras rígidas das quais se ressentia quando era criança, talvez se veja querendo ser mais flexível. Se sentia que tudo era caótico ou que não havia qualquer tipo de orientação na casa em que cresceu, talvez tenda a exercer ordem e controle em sua parentalidade. Você pode ser levado a replicar as reuniões familiares amorosas e carinhosas com primos e outros familiares. Ou pode ser surpreendido pela intensidade com que evita tais reuniões, das quais se lembra apenas como dolorosas ou solitárias, e preferir formar uma família com amigos da escola de seu filho, da vizinhança ou da comunidade. Muitos de nós escolhemos celebrar e compartilhar a vida com famílias de amigos, pessoas que não são parentes sanguíneos.

À medida que se torna mais sintonizado com as necessidades individuais de seu filho e aprende a ser um recipiente e uma âncora melhores, você naturalmente começa a refletir sobre aspectos de sua própria experiência que gostaria de trazer para o relacionamento com ele, aqueles que não gostaria de repetir e, ainda, aqueles que deseja evitar a qualquer custo.

Essa história coletiva pessoal de relacionamentos e dinâmicas familiares é importante porque influencia a forma como nos relacionamos e interagimos cotidianamente com nossos filhos, assim como as mensagens que lhes transmitimos a respeito das pessoas, deles mesmos e da vida. Ela afeta nossas expectativas acerca do que os deixa felizes, nossa visão de como devem agir e o que definimos de objetivos para eles. Nosso passado também afeta nossa confiança, as inseguranças incômodas que temos sobre nós mesmos como pais e a firmeza em nossa capacidade de nos fazer presentes para nossos filhos. O passado é um contexto importante a se considerar ao gerir nossas reações a nossos filhos e nossa capacidade de ajudá-los a se regular. Tomar ciência das próprias intenções e questões leva tempo e nem sempre é confortável. Na verdade, pode ser um processo profundamente incômodo reconhecer essas partes de nós. Com frequência, quando pais me procuram com questões relacionadas aos filhos, nossas conversas revelam que o centro do problema reside mais nos pensamentos, sentimentos e crenças não analisados dos pais do que em algo "errado" com a criança.

Eis um exemplo. Jalyn, uma jovem mãe, contava ter sido uma criança impopular e tinha medo de que sua filha, Claire, também fosse. Perguntei o que Jalyn queria dizer com "impopular", e ela relembrou uma história de quando tinha 8 anos: sua suposta melhor amiga insistiu que ela fosse "serva de minha amiga Rainha de Sabá", que gritava ordens e Jalyn obedecia.

"Eu fui patética. Simplesmente deixei que ela ficasse me dando ordens, mas ela era minha única amiga, e eu queria muito que gostasse de mim, então fazia tudo o que ela mandava."

Agora Jalyn parecia demasiadamente preocupada que sua filha de 9 anos fosse tratada como ela tinha sido.

Perguntei o que, no comportamento de Claire, a deixava preocupada, a fim de saber se havia alguma evidência de que a menina era solitária ou tinha dificuldade em fazer amigos.

"Vivo dizendo a ela para se manifestar. Quero que ela tenha amigos, mas não que seja mandada; que tenha amizades genuínas."

Embora parecesse um conselho válido, eu ainda não estava certa do que realmente incomodava essa mãe. E então Jalyn disse mais: sempre que Claire chegava em casa e contava das discórdias ou problemas com amigos, ainda que fossem problemas menores, a mãe deixava escapar: "Crianças são tão malvadas, mas tão malvadas! Você precisa se proteger!".

Apesar de desejar o oposto para a filha, Jalyn, sem querer, estava permitindo que suas dolorosas experiências do passado transmitissem à filha a mensagem de que crianças são malvadas e de que ela deveria evitá-las.

Jalyn estava transferindo sua experiência para a filha em vez de escutar o que exatamente incomodava ou não a menina. O fato é que Claire estava apenas querendo compartilhar os altos e baixos do drama que são as amizades na escola; a mãe concluiu que a menina estava sendo magoada por garotas malvadas com base nas próprias experiências da infância.

Eis outro exemplo. Reuben era um pai mais velho, que tivera o primeiro filho aos 47 anos. Quando criança, sua casa não era um lugar acolhedor e agradável. Seus pais trabalhavam muito para sobreviver, às vezes em mais de um emprego. Tinham dificuldades financeiras, e o pai frequentemente voltava para casa exausto e mal-humorado. Embora Reuben se sentisse amado pelo pai, este tinha pouco tempo para ele, e o garoto fazia o que podia para evitar sua raiva. Já a mãe, após o longo dia de trabalho, se ocupava dos irmãos mais novos. A casa não era um lugar confortável, então Reuben passava a maior parte do tempo livre brincando na rua. Ele dizia que suas memórias mais felizes eram os longos passeios de bicicleta que fazia com os amigos e as elaboradas brincadeiras que criavam juntos. Até hoje, Reuben mantém contato com esses amigos e, agora que é pai, entende que fazer amigos deve ser uma prioridade para o próprio filho. Ele incentiva as amizades do menino e está sempre disposto a levá-lo para as atividades com os amiguinhos. Seu filho, Arturo, de 12 anos, é tranquilo e gentil e prefere passar os fins de semana com a mãe e Reuben, ajudando em casa ou trabalhando no jardim. Quando Reuben o incentiva — até pressiona — a sair com os amigos, o menino se recusa e insiste em ficar em casa com os pais. Esse embate entre eles frequentemente acaba em uma discussão sobre os motivos de Arturo não querer ficar com os amigos.

Embora para mim esteja claro que Reuben deseja o melhor para Arturo, ele ainda não está ciente de que está baseando a felicidade do filho na própria experiência e está ignorando o que talvez funcione para o menino. Afinal, Arturo está crescendo no lar amoroso e acolhedor que a família criou, diferente da vida doméstica das memórias de Reuben.

Outro exemplo comum de pais que projetam involuntariamente sua experiência e suas histórias nos filhos ocorre quando os pais pressupõem que os interesses e as trajetórias dos filhos até a idade adulta se alinharão com as suas pelo simples fato de que são seus filhos. Aconteceu com Alina e seu irmão, que nasceram nos Estados Unidos, mas são filhos de imigrantes asiáticos. Os pais os matricularam com bolsas de estudo em escolas altamente competitivas e esperavam que os dois se destacassem (nenhuma nota abaixo de 10 era aceitável) e seguissem esse exigente caminho acadêmico até a faculdade.

Agora mãe, Alina me disse: "Meus pais vieram para cá com o objetivo de dar a melhor educação para os filhos. O lema deles era 'trabalhar duro, estudar muito e entrar na melhor faculdade possível', fosse ela qual fosse". Alina observou que seus pais nunca consideraram seus interesses — e ela também não. "Afinal, eles sacrificaram muita coisa por nós", refletiu.

Perguntei se ela tinha gostado da experiência na pequena, competitiva e liberal faculdade de artes, e Alina admitiu: "Bem, não muito. Sentia que não tinha escolha, mas não teria feito nada de diferente. Meus pais ficaram muito satisfeitos".

E o irmão dela? Ele foi direcionado para uma universidade de elite, nunca se sentiu realizado, mas jamais trocou de curso ou carreira e realizou o sonho dos pais de que ele se tornasse médico. "Pode parecer que foi o ideal, já que ele é um médico reconhecido e bem-sucedido", comentou ela, "mas ele se ressente tanto da pressão que sempre sofreu que raramente visita nossos pais e por anos se recusou a falar com nosso pai".

Agora, a filha de Alina, que está terminando o ensino médio, não quer ir direto para a faculdade; em vez disso, quer tentar primeiro uma carreira musical; e seu filho deseja se tornar ativista ambiental e trabalhar em uma ONG. Aline, me procurou chateada com as escolhas deles: "Ofereci tudo para o sucesso deles e temo que estejam jogando as oportunidades fora".

Salientei que o que ela fez foi ajudar os filhos a encontrarem caminhos pelos quais fossem apaixonados, que passavam pelo desenvolvimento de interesses genuínos; e que eles podem "alcançar o sucesso" — apenas por um caminho diferente daquele que ela e o irmão seguiram. Observamos que, quando criança, os sonhos e as paixões dela nunca foram valorizados ou alimentados. Aos poucos, Alina foi tomando consciência de que continuava imersa na mentalidade criada para ela por seus pais, moldada pela experiência de imigração deles, sem perceber que estava projetando isso nos próprios filhos. Quando começou a refletir sobre a própria mágoa por não ter podido interferir na escolha de faculdade e carreira, ela gradualmente passou a aceitar os desejos dos filhos, até começou a admitir que gostava da capacidade deles de pensar por si mesmos e começar a direcionar o próprio futuro. Passou a enxergar a paixão deles como um atributo positivo e reconheceu que era algo que desejava para si.

É isso o que eu chamo de "Você conta" — aquilo que cada um de nós traz para o papel de pai, independentemente da própria origem. Faz parte de ser humano. Ter consciência de como esses fatores afetam seu relacionamento com seu filho é crucial para vê-lo como ele é, sem preconceitos internos e muitas vezes inconscientes. Bloquear a criança que está diante de você; criar expectativas irrealistas; ou julgar ou constranger inadvertidamente as escolhas de seu filho são ameaças à conexão entre vocês e à confiança que ele terá em você.

Se conscientizando

Mais um exemplo de como o passado pode se infiltrar no relacionamento com os filhos vem de um e-mail que recebi alguns anos atrás da mãe de duas crianças que frequentaram o Toddler Center. Debra estava chateada e confusa por conta de uma situação que acontecera com seus filhos. Kara agora tinha 7 anos e estava no segundo ano, enquanto seu irmão mais novo, Oliver, estava no primeiro. Eu me lembrava de que os irmãos sempre foram próximos e fiquei curiosa para saber como estavam agora. Marquei um encontro. Debra descreveu uma visita recente ao museu de ciências que ela, Kara e Oliver tinham feito com outra mãe e seus dois filhos. Os irmãos estavam felizes em estar com os amigos, e os quatro foram ficando cada vez mais animados e incontroláveis, o que deixou Debra ansiosa, uma vez que estavam em um museu. Com a irritação com o comportamento deles aumentando, ela mandava que falassem baixo ou tentava aquietá-los. Sua amiga, que parecia não se incomodar com o comportamento das crianças, respondia ao olhar queixoso de Debra com um sorriso.

Quando Oliver e seu amigo decidiram correr e deslizar pelo brilhante chão de mármore, foi a gota d'água para Debra, que agarrou o filho com firmeza pelo pulso, lhe deu um puxão, se inclinou e, rangendo os dentes, disse: "Pare agora!".

Então, olhando para a outra mãe, que tinha visto tudo, ela repreendeu os filhos com firmeza.

Em um acesso de constrangimento e raiva, Debra se virou para a amiga para dizer que estava levando os filhos para casa e bruscamente (e chateada) foi embora do museu com eles. Foi um desfecho desagradável para o que, até então, tinha sido um adorável passeio.

Foram muitas as coisas que aconteceram nessa situação, então vamos esmiuçá-la. Antes da interferência de Debra, as crianças pareciam estar se divertindo de uma forma que a deixou abalada. "As crianças estavam se comportando mal?", perguntei.

"Não, mas achei que deveriam se comportar melhor, de um jeito menos irritante, afinal estávamos em um lugar público, em um museu", insistiu ela.

A pessoa que estava incomodada com a bagunça era claramente a própria Debra. Sua amiga não estava ligando. Não é difícil se identificar com Debra: todos nós queremos que nossos filhos se comportem bem em lugares públicos. Ainda assim, Debra ficou mais chateada com a forma ríspida como reagiu ao que agora considerava "comportamento infantil normal", embora não gostasse dele.

Calmamente ela me perguntou: "Por que fiquei tão incomodada com a situação? Por que fui tão severa com meus filhos?". Era claro seu desejo de entender melhor a si mesma.

"Está falando da animação exagerada de Oliver?", perguntei.

"Sim. Achei que ele se comportaria melhor, mas agora me dou conta de que ele é apenas uma criança."

"Verdade, ele tem 6 anos. Pense: quantas vezes ele foi a um museu? Ele compreendeu as suas expectativas do que podia fazer ou de como deveria se comportar lá?"

Debra parou e pensou. "Não. Provavelmente, não. Acho que eu poderia ter sido mais clara, em especial porque ele e o amigo quase sempre ficam agitados quando estão juntos. Mas por que o agarrei tão forte daquele jeito?"

Essa é a pergunta que você sempre deve fazer a si mesmo: por que um comportamento em particular ou uma reação de seu filho o irrita ou o compele a agir de forma mais severa do que o habitual? Como Debra estava muito perturbada com a própria reação, perguntei: "Há alguma coisa em seu passado que pode ter feito você se sentir tão desconfortável e irritada?".

Ela respondeu rapidamente: "Já pensei sobre isso: meu pai era militar. Ele tinha uma série de regras de comportamento bem rígidas dentro da família. Era esperado que minhas irmãs e eu nos comportássemos muito bem o tempo todo, ou então recebíamos um tapa no punho, às vezes mais do que isso. Só o olhar severo dele era suficiente para nos manter na linha".

Perguntei se ela queria usar essa abordagem rígida com seus filhos, ao que ela declarou sem pestanejar: "Não, não, não quero isso! Não quero que meus filhos tenham medo de mim. Mas quero respeito. Nós respeitávamos nosso pai".

Conforme a conversa seguiu, Debra percebeu que medo e respeito talvez não fossem a mesma coisa. E então se questionou como seus filhos iriam respeitá-la se não fosse rígida. Também reconheceu que a forte reação no museu viera da sensação de que seus filhos estavam sendo desrespeitosos com o lugar, com as pessoas e, principalmente, com ela. Percebeu que sua abordagem e suas expectativas haviam ignorado o fato de que eles eram pequenos e que o cansaço após ter passado o dia no museu provavelmente havia sido um ingrediente importante para seu descontrole.

Nos meses seguintes, Debra fez um trabalho de compreensão das mágoas da própria infância, quando desejava a atenção do pai e ao mesmo tempo temia aborrecê-lo. Ela passou a enxergar os filhos como crianças que estavam aprendendo a estar no mundo. Ficou mais ciente da raiva súbita que a acometia às vezes e começou a discernir melhor as situações em que seus filhos a irritavam, como quando corriam pela casa, não lhe davam ouvidos, ficavam ruidosos ou faziam muito barulho, brincando de luta ou dando cambalhotas. Também percebeu que sua tolerância e paciência diminuíam em momentos de transição, como ao sair de casa ou de outro lugar, como o museu, ao sentar-se à mesa para jantar ou ao se preparar para dormir. Uma vez identificados os "pontos sensíveis" de Debra, ela trabalhou intencionalmente para se manter centrada nesses momentos. Mais presente e calma, agora conseguia ajudar os filhos a lidar melhor com os momentos de transição e com suas emoções intensas também. (Mais adiante neste capítulo, você vai aprender estratégias mais específicas para se acalmar e acalmar seus filhos em momentos de transição e também para outros "pontos sensíveis".)

Adultos também precisam se regular

Autoconhecimento requer, entre outras coisas, estar ciente da própria experiência emocional. Antes de começar a ajudar os filhos a lidarem com as próprias emoções, precisamos lidar com as nossas. Se não formos capazes de controlar nossas reações e emoções, não conseguiremos ajudar nossos filhos a permanecer centrados. Para reduzir o estado de incômodo deles precisamos estar calmos. Talvez você não tenha tido a melhor das bases quando criança e tenha dificuldade em controlar as emoções; agora, como pai, talvez se veja entre extremos — ou agitado e raivoso ou retraído e com medo de se envolver —, de modo que acaba se fechando. Talvez tenha havido reviravoltas em sua vida, traumas ou extensos períodos de estresse que hoje afetam seus recursos internos para lidar com emoções complicadas ou intensas. Talvez seu relacionamento com seus pais tenha sido tenso, sem a sensação de segurança, ou ambos.

Agora, com seu filho, você se sente sufocado e inseguro quanto à melhor maneira de ajudá-lo a se regular, em especial quando é confrontado com as emoções intensas e os comportamentos turbulentos dele.

Tomemos como exemplo uma mãe que está atrasada para uma festa de aniversário da família. Ela, o marido e os dois filhos saem de casa correndo e entram no carro. Eles tinham passado a manhã e a tarde fazendo planos e conversando sobre a festa. As crianças estavam cada vez mais animadas de ver os primos. Entretanto, a mãe também foi ficando cada vez mais ansiosa com a ideia de encontrar uma irmã com quem tinha brigado. As duas não se falavam havia muitos meses.

O banco traseiro do carro vai aos poucos se enchendo de risadinhas cada vez mais intensas. Quando uma criança puxa o cabelo da outra e a cutuca (de brincadeira) na barriga, fazendo a outra gritar, a mãe estoura no banco da frente e grita "Parem com isso!" de um jeito mais severo do que o normal, quase batendo nelas. Instantaneamente, as duas crianças mudam o comportamento e começam a chorar. Não ajuda o fato de a mãe já estar no limite e nervosa em encontrar a irmã. Agora ela está ainda mais chateada.

De repente o carro está inundado com emoções negativas.

Então, qual é o real motivo de irritação da mãe nessa situação? São as crianças que se cutucam, implicam e gritam? São suas próprias emoções reprimidas, combinadas à expectativa de ver a irmã e tudo o que gira em torno desse relacionamento turbulento?

Esse exemplo é um retrato de como emoções complicadas, concorrentes e conflitantes podem afetar nossos filhos. Ainda que essa situação específica não se aplique a você, talvez lhe ocorra uma situação semelhante na qual estava tenso, no limite ou estressado e o comportamento de seu filho o levou a estourar. Você perdeu a razão. Com frequência temos sentimentos e reações provocados por outros... e não apenas pelo que está dentro de nossa cabeça.

Não estou aqui para julgar a mãe que perde a calma no banco da frente (ou em casa), que deve estar ansiosa, chateada. Já passei por isso;

você provavelmente também. Mas vejamos a situação como um dilema comum à parentalidade, em que estamos lidando com mais de um conjunto de sentimentos (ou respostas emocionais) ao mesmo tempo. Qual é a melhor maneira de controlar nossos próprios sentimentos e nos manter na "posição adulto"?

A mulher daquela situação estava reagindo a uma série de pensamentos ou sentimentos. Talvez ela e a irmã sempre tenham tido um relacionamento tenso do qual hoje restam falta de confiança e um rastro de amargura, ou então um relacionamento amoroso, porém marcado por competitividade constante. Em qualquer dos casos, a resposta irritadiça da mulher aos filhos brigando no banco traseiro pode ter evocado memórias não tão distantes de quando ela e a irmã brigavam quando crianças. Assim, não seria estranho que a mulher ficasse mais sensível e reativa, mesmo sem estar ciente do que influencia sua reação.

Ou talvez essa mulher apenas esteja exausta após uma longa semana conciliando trabalho e filhos, marcando consultas para a mãe, de modo que, em vez de ser arrastada para a festa de aniversário de um parente, ela preferiria ficar em casa, passar um tempo com os filhos, ler um livro ou assistir a uma nova série com seu parceiro. E, embora ela e a irmã tenham discutido na última vez que estiveram no mesmo espaço e não sejam tão próximas, não é realmente com isso que ela está irritada. Só quer um pouco de paz e tranquilidade no banco traseiro.

Neste caso, o "Pare!" da mulher é alto, mas não raivoso; pelo contrário, é um tipo de pedido de algo que ela necessita — apenas que parem porque seus nervos estão desgastados após uma semana longa e cansativa.

Em qualquer dos casos, ainda que os filhos não sofram grandes impactos, de que maneira nós, pais, podemos aprender a verificar nossos sentimentos e reações e, assim, sermos capazes de ajudar nossos filhos a lidarem com os próprios comportamentos e emoções típicos, mas ainda assim desafiadores? O dilema reside justamente em estarmos regulados para podermos ajudar nossos filhos a aprender a se regular.

Deixe-me salientar: não existe necessariamente uma forma certa, ou uma forma única, de os pais administrarem tais situações ou aprenderem a fornecer o apoio de que os filhos precisam quando suas emoções estão intensas. Há um leque de opções. O mais importante aqui é a necessidade de estarmos cientes dessas opções para podermos escolher uma. Nossa habilidade de reagir de maneira salutar a qualquer situação com nossos filhos passa por nossa capacidade de ser flexíveis — não apenas quando a vida e o tempo com nossos filhos vão às mil maravilhas, mas principalmente quando o estresse se instala e naquelas situações de muita pressão. A mãe que perdeu a calma no carro não pretendia gritar e quase bater nos filhos; nem tinha a intenção de fazê-los chorar. Na verdade, aposto que, qualquer que fosse o caso, ela se sentiu muito mal com a situação, e sua reação fez piorar o incômodo.

Então, como a situação poderia ter sido administrada de forma diferente?

Talvez ela pudesse ter sido mais direta e dito ao marido que não queria ir à festa.

Ou poderia ter ligado antecipadamente para a irmã e conversado sobre os motivos do desentendimento. Ou poderia ter ligado para uma amiga para conversar e receber apoio antes de ir para a festa. Ou talvez pudesse ter se preparado para o evento e feito um exercício mental, como respiração controlada, para se acalmar e lembrar a si mesma que ela era capaz de lidar com a festa.

Ou, quem sabe, pudesse ter se virado calmamente para os filhos no banco traseiro e pedido, de maneira clara, que se comportassem, dizendo que seria melhor e mais agradável se todos ficassem bem durante o trajeto.

Sempre temos opções, porém precisamos de prática para lembrar delas no calor do momento. Quanto mais carregado emocionalmente for o momento, maior será a dificuldade, então precisamos começar administrando a nós mesmos, o que nem sempre é fácil.

James Gross, professor de psicologia em Stanford e especialista em regulação emocional, define regulação emocional como "os processos pelos quais indivíduos influenciam quais emoções têm, quando as têm e como as vivenciam e expressam". No início, psicólogos que estudavam regulação pensavam que, para administrar as emoções, tudo o que precisávamos fazer era colocar uma tampa sobre os sentimentos ou analisá-los — sendo que ambos são processos cognitivos/de pensamento. A realidade, como os cientistas descobriram desde então, é que regulação é, em grande parte, uma interação bidirecional entre as emoções sentidas repentinamente e as áreas cognitivas do cérebro controladas de modo mais consciente, alojadas principalmente no córtex pré-frontal, que ocorre tanto de baixo para cima quanto de cima para baixo: as emoções afloram (de "baixo") e aprendemos a lidar com elas (de "cima"). Colocando de forma simples: quando lidamos com nossas emoções, as partes inconscientes e emocionais do cérebro se comunicam com as partes mais intencionais, que tomam decisões. Quando somos pegos por uma poderosa onda emocional — raiva, ciúmes, frustração ou dor/luto intensos —, nossas emoções assumem o controle; quando somos capazes de perceber que nossos filhos no banco traseiro estão nos afetando e de decidir como reagir à situação de modo a administrá-la da forma mais eficaz, estamos engajando a parte pensante e de tomada de decisão do cérebro.

Como essa interação entre emoção e cognição atua na vida real? Quando estamos ansiosos, por exemplo, temos mais dificuldade em nos manter emocionalmente regulados. Podemos nos sentir mais vulneráveis e sensíveis a críticas, mais inseguros e irritadiços, ou mais suscetíveis a revidar quando nos sentimos ameaçados. A ansiedade leva nossas emoções ao limite, com frequência provocando raiva. Em tempos de incerteza, tais emoções são sempre mais acentuadas. Pense novamente nas emoções como estados de estímulo que temos a capacidade de reprimir ou alimentar e ampliar. A regulação emocional começa pela identificação do sentimento como positivo e útil ou como negativo e desestabilizador. Esse primeiro nível de avaliação, que ocorre rapidamente, desencadeará nossas formas de lidar com os sentimentos: algumas pessoas são mais capazes de lidar com o desconforto de seus sentimentos negativos, enquanto outras se perturbam ou se estimulam mais facilmente.

No que diz respeito à regulação emocional nas interações entre pais e filhos, as coisas podem ficar complicadas. Reduzir eficazmente estímulos emocionais acentuados em nível biológico e comportamental aumenta a capacidade da criança de administrar a frustração frente a desafios sociais e acadêmicos, de lidar com ansiedades potenciais e de controlar pensamentos e comportamentos, habilidades necessárias para navegar no contexto escolar, as quais favorecem interações sociais positivas, saúde mental e função adaptativa. Assim, estratégias eficazes de socialização emocional que promovam o desenvolvimento de habilidades biocomportamentais de regulação emocional são determinantes. Também é importante ter em mente que, para a criança, esse processo de aprendizado acontece ao longo de muitos anos e que a aprendizagem se desenvolve no relacionamento com você.

Sendo bom o suficiente

A maneira como seu filho aprende a lidar com as próprias emoções está claramente ligada à forma como você lida com as suas; são coisas que seguem de mãos dadas. Como sugerem os exemplos deste capítulo, aquilo que você sente e traz para a função de pai desempenha papel central na maneira como lida com situações com seu filho ou filhos. É tentador pensar que, porque somos adultos, estamos totalmente no controle de nossas emoções, mas a verdade é que muitas vezes as emoções tomam conta de nós, em um processo instantâneo e inesperado. Nem sempre você lidará bem com as próprias emoções ao reagir a seus filhos. Dada a posição de vulnerabilidade à qual as ações de nossos filhos podem nos lançar sem aviso, não é de admirar que percamos o controle sobre nossos sentimentos ou sobre a projeção que havíamos feito para a situação.

Talvez até você tenha se surpreendido com determinada reação; eu certamente já. Esse é um elemento da parentalidade que poucos de nós conhecíamos antes de nos tornar pais e, ainda assim, é imperativo sabermos quem somos e o que trazemos para essa jornada íntima e importante. Sua educação, sua experiência e até seu relacionamento com seu parceiro afetarão o relacionamento com seu filho. As peças complexas e variadas que carregamos dentro de nós também afetam a eficácia com que ajudamos nossos filhos a aprender a lidar com as emoções e com a vida ao longo de sua trajetória de desenvolvimento da resiliência, da gentileza e de um sólido senso de identidade.

Então, o que isso significa para nós naquilo que concerne a nossos filhos? Quando reservamos tempo e espaço para fazer o trabalho intencional (o que nem sempre será fácil!) de nos compreender e tomar consciência de nossas histórias e horizonte emocional, incluindo desapontamentos e aquilo que gostaríamos de ter tido quando crianças, nos tornamos mais capazes de ser cuidadores seguros, sintonizados e conectados para nossos filhos e de desenvolver um relacionamento autêntico com eles. De modo algum isso é um imperativo de perfeição, como se você estivesse à disposição da criança. Nem estou sugerindo que exista uma única maneira correta de ser pai (não existe). Há muitas formas de demonstrar amor e apoio. Na verdade, nos anos 1950, o conceituado pediatra e psicanalista D. W. Winnicott introduziu o conceito de "mãe suficientemente boa", que significa exatamente o que parece: quando pais são "suficientemente bons", a criança tem suas necessidades essenciais atendidas e é aceita por quem é, inclusive como alguém que fica com raiva e que tem outras emoções negativas. Quando isso acontece, ela se sente segura o suficiente para deixar os pais de lado e explorar o mundo. Winnicott escreveu sobre mães, que, na época, eram consideradas a única parte importante da família nessa relação, mas sabemos que tanto mães quanto pais são importantes para a criança e que ambos, ou outro cuidador primário, podem satisfazer às necessidades dela e transmitir uma mensagem clara de que estão disponíveis, atentos e sintonizados.

Além de destacar o conceito de perfeição, Winnicott alertou para os perigos em potencial que o esforço para ser perfeito traria. Ele acreditava que a ideia de perfeição na criação de filhos é prejudicial e que, conforme cresce, o bebê precisa ver que seus pais são, na verdade, imperfeitos. Se de vez em quando um dos pais não satisfaz às necessidades da criança, ela é forçada a se adaptar e, assim, se torna resiliente. Quero que os pais tenham em mente que a ideia de perfeição não apenas é irrealista, mas também rouba do filho a oportunidade de desenvolver resiliência.

Vamos encarar a realidade. Está tudo bem termos nossos sentimentos — bons, ruins e feios. Está tudo bem também deixar nossos filhos saberem disso, sempre de forma adequada à idade. Quando estamos em um relacionamento autêntico com nossos filhos, quando os criamos para serem seres humanos resilientes e decentes, eles precisam saber que não somos perfeitos nem queremos ser. Winnicott reconheceu que o relacionamento pai-filho prepara a criança para a vida e que, nos distúrbios naturais do relacionamento e nos erros dos pais, as crianças aprendem a se adaptar e se ajustar. No relacionamento saudável e imperfeito com você, seu filho aprende como as relações realmente funcionam.

Enfatizo os escritos de Winnicott porque, depois de décadas de experiência com pais e filhos, concordo profundamente com ele. A parte difícil para você, pai, é aceitar seus próprios defeitos e falhas e chegar ao entendimento de que um cuidado amoroso é suficientemente bom. Ao deixar a perfeição para trás, você pode se concentrar em ser recipiente e âncora para seu filho, isto é, em ser flexível e benevolente consigo mesmo e em interagir sem julgamento. O relacionamento é uma dança entre vocês dois, cujos passos serão suaves algumas vezes e outras não; vocês dois estarão nisso juntos por um longo tempo.

Na próxima parte do livro, vou compartilhar estratégias práticas não apenas para ajudar seu filho a desenvolver resiliência, mas também para você nutrir um relacionamento autêntico e duradouro com ele. Os cinco pilares serão seus indicadores ao praticar o estabelecimento e a manutenção de limites saudáveis e razoáveis a fim de que seu filho internalize o fundamental sentimento de segurança emocional. Permanecendo autoconsciente e desprendendo-se das próprias vergonhas e temores, você terá a oportunidade de ver as maravilhas da criança que está diante de você, de apoiar seu melhor desenvolvimento e de fazê-la saber que você estará sempre presente, mesmo nos momentos mais difíceis.

QUESTÕES PARA REFLEXÃO

Relembre alguma situação que provocou em você uma emoção intensa: irritação, frustração, tristeza profunda ou desorientação, ciúmes; também pode ser orgulho, empolgação ou alegria. Reserve um tempo para pensar nas seguintes questões:

- Foi negativa ou positiva?
- Como você lidou com a situação e as emoções que surgiram por causa dela? Como reagiu?
- Olhando em retrospecto, como se sente sobre a forma como reagiu? Gostaria de ter reagido de maneira diferente? Como teria sido?
- Como você costuma reagir ao estresse ou a situações estressantes? Como reage a emoções intensas ou à possibilidade de emoções intensas?
- Quais são as situações que fazem com que suas emoções e seu sistema de alerta fiquem aguçados? Existem momentos ou situações conhecidas que o deixam chateado? Existem situações em que você bloqueia emoções ou tenta evitá-las?
- O que o ajuda a se acalmar? Existem estratégias que o ajudam a readquirir o equilíbrio interno ou a sensação de estar centrado?
- O que você lembra da infância que gostaria de replicar com seu filho ou família? O que pretende fazer diferente?

Independentemente de suas respostas às questões, estar ciente das próprias reações a momentos estressantes é um componente essencial da capacidade de regular emoções e se manter centrado. Quanto mais ciente você estiver desses processos e do que carrega da infância, seja positivo ou nem tanto, mais capaz será de ajudar seu filho a prosperar.

PARTE II

OS CINCO PILARES DA RESILIÊNCIA DE SEU FILHO

Usando os cinco pilares da resiliência

Quando ministro cursos sobre desenvolvimento infantil típico e atípico, divido as áreas de desenvolvimento em grupos, de acordo com os tipos de necessidade — da física (biológica) à emocional (psicológica), da social à cognitiva (intelectual), como se cada área fosse separada e se desenvolvesse em sua própria pequena bolha. Faço isso para que possamos pensar na importância de cada área em si, debater a pesquisa relacionada ao respectivo domínio e desvendar a importância da área para o desenvolvimento da criança. Porém, na realidade, essas áreas de desenvolvimento da criança trabalham em conjunto e se sobrepõem.

Quando estou ensinando, explico que, embora falemos das áreas em separado, vamos reuni-las no modelo mais completo e real de desenvolvimento. Uma área exerce efeito sobre outra, em uma intrincada rede de influências mútuas, porque crianças se desenvolvem como seres completos, e não como partes separadas. Para compreender o desenvolvimento integral da criança, olhar para cada área em separado ajuda a colocar uma lupa sobre cada uma das áreas que impulsiona o processo de crescimento e transformação das crianças. Uso uma abordagem semelhante para falar aos pais sobre a beleza e a complexidade do crescimento ou dos desafios da criança. Ao separar as peças, consigo esclarecer de que maneira o relacionamento único com seu filho atua como o recipiente e âncora que vão apoiá-lo de forma consistente e estável ao longo do desenvolvimento.

Os cinco pilares debatidos nesta seção refletem as áreas de desenvolvimento; eles também se alinham às habilidades que podemos ensinar a nossos filhos tanto diretamente quanto por meio do relacionamento com eles, a fim de que desenvolvam recursos internos de resiliência que perdurem pela vida. A internalização de uma base segura, autorregulação, desenvolvimento de arbítrio e independência, inteligência social e compaixão, amor-próprio e autoaceitação se dá em sincronia com os principais marcos do desenvolvimento infantil e propiciam a você a oportunidade de apoiar e reforçar aquilo de que as crianças precisam para se tornar pessoas autônomas e confiantes, capazes de se adaptar e se recuperar dia após dia, bem como em tempos de muita incerteza e estresse. Assim, embora eu apresente os pilares em separado nos próximos capítulos, eles se sobrepõem e se reforçam mutuamente e não demandam uma progressão linear. Você pode começar por qualquer um dos cinco pilares e seguir para outros que sejam relevantes considerando suas necessidades.

No primeiro pilar, "Aprendendo a confiar", você vai construir e ajudar a reforçar um sentimento de segurança no relacionamento com seu filho respondendo às necessidades mais básicas e sintonizando-se com ele com sutileza durante seu crescimento e amadurecimento; essa base permite a seu filho confiar e contar com você e, com o tempo, dá origem a uma sensação interior de segurança e confiança interna que o ancorará ao longo da vida. Considerando que você seja âncora no desenvolvimento dele, ele ganhará a habilidade de se autoancorar em relação aos outros conforme cresce.

No segundo pilar, "Aprendendo a regular", você ajudará seu filho a compreender e administrar as próprias emoções. Você começa corregulando o sistema cérebro-corpo em paralelo e juntamente com a criança, o que pode parecer complicado, mas, na verdade, é um processo inerente ao relacionamento. Você já faz isso todos os dias. Quando a criança por fim aprende a se autorregular, vê-se mais capaz (na maioria das vezes) de controlar o próprio comportamento e emoções à medida que se torna mais autoconsciente.

No terceiro pilar, "Desenvolvendo arbítrio", você verá como e por que dar limites à criança, ao mesmo tempo que dá espaço e liberdade, é necessário quando ela inicia o processo de separação e avança em direção a uma independência cada vez maior. Embora a separação possa ser complicada, é o que permite à criança desenvolver arbítrio, a capacidade de tomar decisões acertadas e trabalhar com vista a objetivos.

No quarto pilar, "Conectando-se com outros", você verá de que maneira o relacionamento com seu filho atua como modelo para o modo como ele se conectará de forma autêntica com outros e desenvolverá competências sociais importantes. Competências sociais e interpessoais não acontecem sozinhas; crianças precisam de educação e ensino explícito para aprender a se relacionar, respeitar limites (os próprios e os dos outros) e construir relacionamentos autênticos.

Por fim, o quinto pilar, "Ser compreendido", mostra como, quando você aceita seu filho e o vê como ele é (que pode ser diferente do que você gostaria ou esperaria que ele fosse), seu filho aprende a aceitar e amar a si mesmo. Isso acontece quando uma criança sente que é vista e compreendida em sua complexidade. Esse pilar mostra aos pais como evitar as sementes da vergonha que podem ser tão corrosivas para o sentido de identidade da criança e, em vez disso, simplesmente amá-la, de maneira livre e sem ressalvas.

Conforme avança pelos pilares e testa algumas das estratégias sugeridas, perceba como os aspectos do desenvolvimento e a resiliência se sobrepõem e se apoiam mutuamente; perceba também como os pilares e suas estratégias lhe oferecem formas não apenas de se manter conectado a seus filhos conforme crescem e se desenvolvem, mas também de criar "pontos sensíveis" que aprofundem e solidifiquem o próprio relacionamento, em todas as idades. É algo que assume mais importância à medida que os filhos ganham independência, passam mais tempo longe da família e, por fim, mudam-se para viver sozinhos. É claro, a forma como você e seu filho navegam pelos pilares varia bastante. Por exemplo, uma criança pode se desenvolver bem rápido fisicamente (aprender a andar aos 10 meses), mas ter uma personalidade tímida, demonstrando medo de novas pessoas no campo social que permanece presente até o fim do ensino médio, ainda que se atenue. Então, é importante ter em mente que, assim como o desenvolvimento em si, o processo de ajudar seu filho a construir os recursos internos de resiliência nunca é linear. E, uma vez que você está ensinando essas habilidades dentro do contexto de seu relacionamento, haverá aspectos seus que entrarão em jogo — de forma intencional ou não.

Com isso em mente, você encontrará questões para reflexão adicionais para considerar conforme cresce com seu filho. Quanto melhor nos conhecemos como pais, melhores pais podemos ser. As questões visam ajudá-lo a tomar consciência do que o irrita e os motivos; de suas expectativas e se elas são realistas; de seus objetivos para seus filhos; e de suas crenças e valores. "Conheça a si mesmo tão bem quanto puder" será o fio condutor para você pensar no que seu filho precisa agora e no futuro.

Um fio condutor realista a também ter em mente é a inevitabilidade de pequenas e grandes rupturas e mudanças e o fato de que momentos e tempos de incerteza são na verdade oportunidades naturais para aprofundar e usar o que já conhecemos acerca das necessidades das crianças.

Em última análise, o que queremos é que nossos filhos sejam capazes de lidar por si mesmos com transições, com os altos e baixos da vida e com as reviravoltas, à medida que os pais passem para o segundo plano. Ainda assim, a forma como eles aprenderão a desenvolver tais capacidades dependerá muito de como você vai interagir com eles a qualquer momento. Como observado anteriormente, os momentos cotidianos de conexão e interação, mesmo nos dias mais simples e tranquilos, aumentam a capacidade de amortecer e desenvolver a força para os momentos difíceis e desafiadores que certamente surgirão.

3

A rede de segurança

Primeiro pilar: aprender a confiar

Q uando nos sintonizamos com nossos filhos de maneira consistente e lhes transmitimos a mensagem de que podem sempre contar conosco, nós os ajudamos a internalizar a percepção de que estão seguros. O sentimento de segurança e a noção de que não estão sozinhos no mundo os centram nos momentos cotidianos de incerteza e tristeza e os apoiam conforme se deparam com todos os tipos de transições difíceis, desapontamentos e eventos dolorosos na vida. Como pais, temos o poder de confirmar a sensação interna de segurança e confiança da criança; juntas, as duas formam um importante pilar de resiliência.

Uma vez que o relacionamento inicial de apego com os filhos é estabelecido ou restabelecido, o reforço na construção gradual da segurança e confiança internas se dá em grande parte na qualidade e regularidade mais gerais das interações diárias: na contínua satisfação das necessidades básicas da criança, como alimentação, abrigo e amor; na sintonia com seus altos e baixos emocionais; no estabelecimento de rotinas; nas respostas sensíveis a ela em momentos de mudança e/ ou quando fatores externos perturbam as rotinas regulares; e em uma comunicação que ajude a criança a compreender os acontecimentos ao redor por meio de narrativas. A constância de nossas interações comunica à criança que ela é amada e valorizada e que ficará bem ainda que ocorram mudanças, boas ou ruins. Quando a criança se sente segura e confia em você, é mais propensa a confiar em si mesma para se colocar no mundo com curiosidade, explorar e se testar e construir um forte sentido de identidade ágil e resiliente.

Por outro lado, sem a sensação interna de segurança, a criança se torna ansiosa e hipervigilante, monitorando qualquer mudança no ambiente. Ela pode ficar distraída e desatenta e se tornar excessivamente autoprotetora, sempre alerta para o não atendimento de suas necessidades ou para o surgimento de potenciais perigos em seu caminho. A criança que não aprende a confiar nos pais está em constante busca pela sensação de segurança que não está presente e, em última análise, pode desenvolver uma identidade baseada naquilo que lhe falta, e não em seus pontos fortes, o que é terreno fértil para a vergonha profunda.

Toda criança precisa internalizar um senso de segurança para que possa aprender a se autorregular totalmente, se separar dos pais no processo de independência e formar novos relacionamentos no mundo — tudo isso é a um só tempo estimulante ("Quero sair sozinho!") e assustador ("Não quero ficar sozinho"). Crianças, independentemente da idade, são atraídas pela novidade enquanto, simultaneamente, lutam contra o medo do desconhecido e os riscos que podem fazê-las se sentir vulneráveis. Esse puxa-e-solta entre necessidade de segurança e desejo de sair para o mundo é que torna sua contenção e ancoragem tão importantes. Muitas vezes, quando confrontada com o desejo de tentar algo novo, a criança experimenta um choque de sentimentos: empolgação para seguir em frente (por exemplo, entrar na banda, fazer uma escalada ou ir sozinho pela primeira vez para a escola) e também ansiedade. Quando os pais a ajudam a se acalmar e participam de suas preocupações, temores ou dúvidas, mostram que ela não está só, pois estão lá para apoiá-la, e que pode contar com eles para ajudá-la em momentos difíceis ou de estresse prolongado. Mostram também que ela pode ter esses sentimentos intensos e superá-los bem.

A principal maneira de pais ajudarem a construir e reforçar o senso de segurança do filho é por meio de uma sintonia regular e consistente. Um pai sintonizado é aquele que mantém em mente as necessidades do filho, não 24 horas por dia, mas conectando-se de forma regular com ele, física e emocionalmente. Nem sempre é fácil estar presente, afinal somos pessoas ocupadas, temos prioridades que competem, ficamos estressados, frustrados e cansados. Ora, somos humanos. O lado bom é que crianças são flexíveis e compreensivas quando estão ancoradas por uma relação amorosa e segura. Se o pai se mantém sintonizado, cuidadoso e disponível na medida do possível, possibilita que a criança o veja como alguém confiável e seguro, capaz de suprir suas necessidades na maior parte do tempo. Consequentemente, a confiança que experimenta com seu pai é internalizada e ela aprende a confiar também em si mesma. Essa confiança se torna um recurso básico de resiliência: o entendimento de que é capaz de administrar mudanças e incertezas.

Ser responsivo e sintonizado

Quando pais antecipam e atendem às necessidades da criança, enviam uma mensagem profunda: "Eu vejo você, ouço você, estou aqui para você. Você está seguro". Quando a criança recebe essa mensagem de maneira regular, em circunstâncias variadas, esta se torna parte da história que ela pode contar a si mesma:

"Estou bem."
"Mamãe me entende."
"Não estou só."
"Papai se importa."
"Sou amada."

No geral, sua consistência e disponibilidade como pai ajudam a criança a aprender a confiar não apenas em você, mas em si mesma e em outras pessoas; a confiança é um subproduto da segurança interior. É claro, a sensação internalizada de segurança e confiança não se desenvolve do dia para a noite; leva tempo construí-la em cada interação diária e reforçá-la ao longo dos anos de formação, ou seja, é a soma de muitas, muitas trocas entre você e seu filho. O relacionamento de vocês é construído sobre essa base e inclui altos e baixos, rupturas e desconexões e redefinições e reparos que os unem novamente e devolvem a seu filho o sentimento interno de segurança e equilíbrio. Tais rupturas na conexão não devem ser motivo de preocupação. Como citei anteriormente, nossos filhos sabem de maneira inerente se adaptar a novas circunstâncias, mas, quando reforçamos seu sentimento de segurança em tais momentos, fortalecemos os fatores de resiliência que estão se enraizando neles.

Pode parecer que ser responsivo e sintonizado é algo intuitivo, mas vale a pena esmiuçar esse comportamento porque, tenha seu filho 3 ou 15 anos, às vezes é complicado agir assim ao mesmo tempo que você está tentando orientá-lo. Estar sintonizado é...

- se informar sobre as emoções de seu filho e expressar compreensão;
- aceitar as emoções dele, isto é, não tentar mudá-las nem rejeitá-las;
- responder aos sinais não verbais de seu filho, deixando-o saber que você está presente: "Tudo bem?", "Como está tudo?";
- ouvir e responder a ele sem julgamento;
- ter empatia e validar as experiências ou sentimentos de seu filho.

Se manter sintonizado também significa manter os próprios sentimentos sob controle e assim conseguir administrá-los nessas horas. Com o tempo, você talvez se veja em situações em que sua experiência mereça ser compartilhada com seu filho mais velho, adolescente ou jovem adulto.

Confiar nas rotinas

Inúmeros livros sobre criação de filhos — desde dr. Benjamin Spock até T. Berry Brazelton e Penelope Leach — têm mostrado que rotinas ajudam pais e filhos a criar ritmo, a estabelecer o relógio biológico de bebês e crianças pequenas e a fornecer aos pais pausas muito necessárias entre as demandas físicas do cuidado da criança nos anos iniciais. Quando os filhos são bebês, a maioria de nós se esforça para manter uma rotina porque os horários de alimentação, troca de fraldas e sono são fundamentais para organizar os dias e as noites. Tendemos a pensar em rotinas como estruturas que estabelecemos para os pequenos, aqueles "com menos de 5 anos", porém elas são de extrema importância para crianças de todas as idades, bem como para adultos. Rotinas ajudam a nos manter centrados para que atravessemos o dia de forma mais automática, liberando energia para nos concentrar em objetivos ou relaxar com mais satisfação.

Se por um lado rotinas ajudam a organizar os dias, também nos ancoram em tempos de turbulência e incerteza; por isso, normalmente são a primeira coisa que implementamos quando ocorre algo significativo. Foi o que aconteceu nos primeiros dias de quarentena durante a pandemia de 2020; é o que acontece quando você se muda para uma casa ou cidade nova, ou quando famílias fogem de inundações, incêndios ou terremotos; é o que acontece também quando um ente querido morre. Olhando para 2020, quando muitas pessoas ficaram presas em casa, você deve se lembrar da enxurrada de conselhos de professores e psicólogos para estabelecer rotinas. Rotinas para o trabalho, estudo, refeições e sono nos ajudaram a atravessar os dias. Tivemos que criar novas formas de organizar os dias e as noites — desde nos alimentar até assistir a aulas, fazer deveres e trabalhar de casa. Essas rotinas nos deram a sensação de ter algum controle quando tudo ao redor parecia caótico.

Em outro exemplo, após os ataques ao World Trade Center, em 2001, as famílias que participaram de um estudo que coorientei com crianças que haviam testemunhado em primeira mão a tragédia, relataram que,

A REDE DE SEGURANÇA **75**

após terem se instalado em um local seguro, a coisa mais útil que fizeram foi estabelecer novas rotinas: encontraram um novo parque onde as crianças pudessem brincar como sempre fizeram; estabeleceram rotinas para dormir, ainda que estivessem temporariamente na casa de amigos ou parentes; compravam alimentos que os filhos conheciam. Elas queriam proporcionar conforto em um momento de temor geral, e as rotinas serviam de pilar para aquilo que os filhos entendiam como familiar.

Estabelecer rotinas para comer, dormir e brincar também garante que as necessidades do bebê ou da criança sejam atendidas e que o filho em crescimento tenha a oportunidade de — dia após dia — aprender a prever os momentos de acordar, dormir e comer e, em última análise, a se apaziguar e manter a calma entre essas atividades. Rotinas também fornecem momentos ao longo do dia e da noite para você se envolver e se conectar; são oportunidades de orientar os filhos, demonstrar amor e cuidado, conversar e ouvir. Dessa forma, rotinas se tornam parte da tessitura do relacionamento de vocês conforme seu filho cresce; elas funcionam como oportunidades regulares para reforçar a conexão e a base de confiança que fundamentam o relacionamento. Se parte de sua rotina matinal ou de vestir o bebê inclui conversar, olhar nos olhos da criança e brincar com seus dedinhos, ela passa a esperar essa interação calorosa e a reconhece como positiva. Nessa interação rotineira e amorosa, você também está comunicando a mensagem de segurança: *Você é amado e cuidado*. Embora os padrões e rotinas comecem na infância, o ritmo continua ao longo do crescimento, porém de forma ligeiramente diferente.

O fluxo automático das rotinas é familiar, reconfortante e fortalecedor para crianças; saber como se desenrola a rotina da hora de dormir, onde devem fazer o dever de casa ou quando vão tomar banho são coisas que as deixam centradas, e elas contam com você para estabelecer e seguir essas rotinas. Você provavelmente sabe disso porque, quando uma parte da rotina sai dos trilhos, outras também são prejudicadas. Seu filho de 7 anos esqueceu de escovar os dentes após o café da manhã? Provavelmente ele também esqueceu de pegar a mochila. Tais contratempos ocorrem porque rotinas nos prendem em determinados padrões de comportamento e, quando uma etapa da sequência é ignorada ou perdida, outras podem seguir o mesmo caminho.

Rotinas também fornecem oportunidades para você conhecer cada criança individualmente, com seus hábitos e necessidades, e para perceber quando essas necessidades mudam. Como a criança reage quando é hora de se preparar para dormir? Quando um pai diferente a coloca na cama? Nossos filhos diferem tanto de formas óbvias quanto sutis: há o que se ajusta imediatamente à mudança de lugar quando dormimos na casa dos avós; há o que precisa que a rotina seja seguida nos mínimos detalhes ou terá problemas para lidar com as emoções. Rotinas expõem informações valiosas e nos permitem avaliar o desempenho dos filhos em determinado dia ou em tempos de transição. Quando estiver no meio de suas rotinas diárias, seja saindo com dois filhos pequenos, seja desejando bom-dia a seu filho adolescente quando ele vai para a escola, você pode começar a prestar atenção e interpretar o que eles estão comunicando a você: seu bebê está saciado com a refeição? Seu pré-adolescente parece mais ansioso do que o normal? Seu filho de 5 anos está enrolando porque fica triste quando vai para a escola? Seu filho adolescente parece relutante em ir para o ensaio que tanto amava? Esses são momentos importantes do dia para sintonizar.

Conforme as crianças crescem, manter rotinas familiares tende a ser mais complicado, porém, mesmo as rotinas mais elementares são valiosas como forma de proporcionar solidez. À medida que as crianças crescem e se tornam mais independentes e seus dias ficam mais ocupados, talvez não seja possível que todos se sentem juntos para jantar todas as noites, por exemplo. Seja realista: se nem sempre é possível jantar em família, tente fazê-lo em pelo menos algumas noites por semana, quando conseguir juntar todos, ou com um dos filhos. Refeições compartilhadas fornecem boas oportunidades para se comunicar.

Conforme as crianças crescem, rotinas se tornam parecidas com rituais. Rotinas são coisas que fazemos de forma organizada e quase sem pensar. Rituais são o próximo passo, com intenção e objetivo mais concentrados, como querer garantir que você dedicará tempo aos gêmeos e ao seu filho adolescente toda semana, então passam a fazer um brunch de fim de semana, para o qual planejam juntos o cardápio, a trilha sonora e cozinham. O conteúdo do ritual importa menos do que a reunião de vocês; ele fundamenta as crianças no familiar e estabelece expectativas regulares — mesmo para estudantes distraídos ou adolescentes taciturnos que reclamam da noite de filme em família, mas assim mesmo se sentam no sofá. Durante anos eu deixava um lanchinho pronto e um bilhete para meus filhos na volta da escola, como uma forma de conexão que os ajudava a conciliar o dia escolar com o retorno para casa; isso também os fazia saber que eu estava pensando neles mesmo no trabalho. A rotina de chegar em casa, guardar as mochilas e ver um pouco de TV antes de fazer o dever de casa ou praticar as lições de piano permanecia. O ritual era a conexão do lanchinho e o bilhete da mamãe.

Considere os momentos comuns para estabelecer rotinas para qualquer tarefa que você realiza todos (ou quase todos) os dias:

- acordar pela manhã;
- se vestir;
- fazer refeições;
- sair de casa;
- tomar banho;
- dormir;
- sair para a escola;
- fazer o dever de casa;
- tocar um instrumento musical;
- fazer exercício, diário ou semanal;
- ter uma noite de brincadeira em família;
- ter um momento em família no fim de semana.

Ao criar rotinas e rituais em família, lembre-se também de elaborá-los de forma que sejam flexíveis. Quando ocorrerem mudanças — que inevitavelmente acontecem —, é necessário ter jogo de cintura. Desvios na rotina podem incluir:

- amiguinhos dormindo em casa;
- parentes visitando por uma tarde ou alguns dias;
- um dos pais estar viajando;
- contratação de uma nova babá;
- comemoração de aniversário;
- doença ou ida ao pronto-socorro.

Após esses eventos, volte às rotinas definidas, pois elas fornecem previsibilidade e, assim, reforçam o sentimento de segurança. Elas são os pontos básicos aos quais retornamos após a mudança. Elas também facilitam a vida porque se tornam internalizadas e automáticas, nos libertam, permitem uma independência crescente e nos acalmam.

Ajudar a fazer sentido

Outra forma de atuar como recipiente e âncora é ajudar os filhos a entenderem o mundo deles. Embora isso pareça óbvio quando se trata de crianças mais novas, é um papel crítico que você desempenha também com as mais velhas. Elas o procuram para ajudá-las a entender o que está acontecendo ao redor, responder a questionamentos e explicar as tensões e os estressores subjacentes. Quando um pai está viajando a trabalho ou quando a escola e o mundo se fecham por causa do coronavírus, as crianças precisam que as ajudemos a entender as conexões entre os eventos e sua vida, para que não façam suposições erradas. Chamo isso de fornecer uma narrativa, e é parte de como ajudamos nossos filhos a se sentirem seguros no mundo e centrados em momentos de alto estresse ou incerteza.

Fazemos esse tipo de contação de histórias quase naturalmente. Quando conversamos com um bebê, que sabemos que não entende o significado de nossas palavras, estamos enviando pequenas mensagens cognitivas a seu cérebro, que está absorvendo o tom amoroso e a conexão visceral que aquela "conversa" comunica. De fato, pesquisadores demonstraram que crianças cujos pais ou cuidadores conversam com elas desenvolvem habilidades verbais mais fortes quando começam a falar e depois a ler.

Quando pequenas, as crianças não vivenciam a narrativa de forma articulada; elas a *sentem*. O tom amoroso da narrativa as cativa e é uma forma importante como você pode atuar como recipiente. Conforme as crianças amadurecem e passam a nomear sentimentos e experiências, as mensagens começam a tomar forma como conversa interna, o que os pesquisadores chamam de discurso interno, que desempenha um papel importante nos mais diversos processos: memória, cognição, regulação emocional e autoestima. A narrativa interna permite que a criança se compreenda e desenvolva a teoria da mente, a capacidade de imaginar e deduzir o estado mental de outra pessoa, o que está relacionado ao desenvolvimento de empatia e cuidado com os outros. (Falaremos mais desse conceito no Capítulo 6.) Esses entendimentos são absorvidos pelas células do corpo, via circuito cerebral. Pode ser difícil conceber que nossos pensamentos, crenças e sentimentos orientem a forma como nossas células se comunicam entre si, no que os cientistas chamam de ligação mente-corpo. Psicólogos chamam de internalização o processo em que a criança passa da experiência sentida para as crenças, e aqui padrões de repetição são fundamentais. Quando envolvem os filhos na construção da narrativa, os pais reforçam uma habilidade de resiliência vital: a capacidade de diferenciar entre o que está acontecendo no mundo, o que as crianças veem e aquilo de que têm consciência, e o que está acontecendo internamente, seus sentimentos e processos internos. Elas aprendem a despersonalizar eventos, em vez de concluir que algo está acontecendo por sua causa. O perigo aqui é que, sem uma narrativa precisa, a criança se culpe achando que fez algo ruim para causar determinado evento ou resultado negativo e, assim, se sinta constrangida e envergonhada. Por exemplo, ela pode deduzir que a culpa é dela quando um pai está triste ou irritado; por um furacão ter tirado a família de casa; pelos pais brigarem um com o outro; por um amiguinho ter faltado à aula certo dia. Esse sentimento de vergonha pode persistir e até mesmo se incorporar a sua identidade. Quando se envolve na construção da narrativa e ajuda seu filho a dar sentido aos acontecimentos, você colabora para que ele evite a suposição de culpa e a consequente vergonha.

As comunicações regulares e diárias também importam. Um pai disse: "Quando minhas filhas eram pequenas, eu me via falando em voz alta sobre os planos para a manhã ou para o dia, como uma forma de prepará-las para o que aconteceria. Minha filha mais velha, em especial, realmente precisava desse aviso — ela não gostava de surpresas. A mais nova fazia transições com mais facilidade — sair de casa e entrar no carro não era um problema —, enquanto a mais velha (mesmo quando pré-adolescente) precisava, no mínimo, que eu desse uma deixa de que 'em cinco minutos todo mundo deveria estar no carro'". Esse tipo de conversa explícita ajuda a explicar o mundo para as crianças por diversos motivos — prepará-las, como no exemplo anterior; conectar os pontos entre um evento que elas podem ou não conhecer e seu impacto; e também ajudar a moldar sua compreensão do ambiente e o lugar que ocupam nele. Essa sensação de conhecer o que está acontecendo as ajuda a se sentir seguras também. Essa é uma ação que você já pode fazer nos eventos e mudanças diários. Por exemplo: "Soube hoje na escola que haverá atividades novas e que você poderá aprender a tocar instrumentos se quiser" ou "Vou chegar tarde hoje, então não estarei em casa na hora do jantar; espero que sua apresentação de matemática seja boa e mais tarde vou querer saber como foi".

Explicações simples com informações suficientes, de acordo com a idade, centram seu filho, fazem com que ele se sinta seguro e reforçam a confiança dele em você:

"Está chovendo, então vamos precisar levar guarda-chuva";
"O ônibus está atrasado, vou levar você de carro";

"Você pode não gostar, mas seu amigo precisou cancelar o encontro de vocês dessa tarde. Vamos remarcar";

"Hoje será diferente porque não posso buscar você na casa da vovó; seu pai vai no meu lugar. Nos vemos no jantar";

"Talvez você tenha ficado sabendo de alguma coisa sobre o que aconteceu hoje e que pessoas se machucaram. Não sei o que você já sabe a respeito e vou contar o que eu sei";

"Recebi um e-mail sobre um aluno de sua escola. Quero saber o que você acha e vou contar o que sei. Não é culpa de ninguém, mas é bem triste";

"Lembra que falei do vírus? Os médicos estão tentando descobrir como se espalha; até sabermos mais a respeito, precisamos ficar seguros e usar máscaras. Você vai ver que todas as crianças e professores vão usar máscaras na escola. Vou ajudar você a se acostumar".

Esses fragmentos de narrativas sobre a vida se tornam mais importantes em momentos de estresse e de grandes mudanças, sejam contínuos ou repentinos, como quando sobe a tensão entre o casal ou na família, quando ocorrem mudanças de casa ou outras mudanças familiares, ou quando um pai está viajando a trabalho ou fica doente ou ferido. Essas explicações narrativas enviam a seu filho a mensagem de que pode contar com você para saber o que está acontecendo, em especial quando a realidade é desafiadora, de difícil compreensão ou o deixará triste. Não falar nada ou manter segredo pode prejudicar a confiança de seu filho em você e, consequentemente, minar a autoconfiança dele. A sensação de que está acontecendo algo que ele não sabe o que é, sem que nenhum adulto verbalize o "elefante na sala", pode ser desestabilizante.

O caso de Lucia ilustra isso muito bem. Ron e Marisa, pais de quatro filhos, me procuraram para falar de Lucia, pois estavam preocupados com seu comportamento silencioso e retraído. Sim, foi no período em que as crianças ainda estavam tendo aulas on-line por causa da pandemia. Mas eles achavam que ela tinha lidado bem com isso até então e se mostrado até mais sociável com os amigos on-line. Analisamos o que poderia estar implícito na mudança de comportamento e humor, mas não conseguíamos identificar nada que parecesse diferente ou impactante. Então perguntei como eles estavam; afinal, já haviam se passado muitos meses de pandemia e a maioria de nós se sentia estressada e à deriva.

Ron ficara desempregado por meses e tinha acabado de voltar a trabalhar. O dinheiro estava curto. Marisa trabalhava de casa com um bebê e três crianças tendo aulas virtuais. Não estava sendo fácil. Compreensivelmente, os dois relataram muito estresse. Perguntei se estavam discutindo ou brigando na frente das crianças. Me disseram que "brigavam apenas em outro cômodo, longe das crianças", e que tinham certeza de que os filhos não os ouviam.

Demorei um pouco para ajudá-los a perceber que, sendo a filha mais responsável, sensível e sintonizada — como eles a descreviam —, Lucia provavelmente teria escutado alguma discussão deles. Na verdade, era possível que estivesse preocupada por sentir a tensão, talvez por tê-los ouvido discutir e ninguém estar falando abertamente sobre o assunto. Coisas que não são ditas assustam as crianças. Sugeri que conversassem com ela e os irmãos sobre as tensões e os desentendimentos e esclarecessem que não era culpa deles que a mamãe e o papai nem sempre se entendiam; que explicassem que às vezes os dois discutiam, que era uma situação difícil para todos em casa, com o emprego novo do pai, e que até o papai e a mamãe passavam por momentos difíceis. Recomendei que dissessem claramente a ela que ainda se amavam e que sempre cuidariam dos filhos, ainda que discutissem.

Quando eles transmitiram essa informação, o alívio de Lucia foi visível e a garota comparou a situação a uma época em que ela e a melhor amiga tiveram algumas brigas e falaram que não queriam mais se ver. Mas depois as duas perceberam que realmente gostavam uma da outra, conversaram e pararam de brigar.

"Sim", o pai concordou, "é isso. Mesmo quando duas pessoas se amam, pode haver momentos em que se desentendem."

A questão aqui é que não falar sobre um problema familiar ou um incidente que afeta seu filho pode ser preocupante ou até mesmo assustador para ele. Seu filho pode ficar se perguntando por que ninguém está falando sobre o assunto (é tão ruim que ninguém vai falar?), ou pode nem saber ao certo o que está sentindo ou vivendo, como quando há uma tensão inexplicável na casa ou rumores a respeito de algum evento mundial. Ele pode reagir de forma agressiva ou descontrolada, incapaz de decifrar a situação; seu comportamento está sinalizando que ele entende que tem algo errado. Mais uma vez, as crianças frequentemente vão se culpar, e um "Eu sei que algo está errado; devo ter feito alguma coisa ruim" pode evoluir para "Eu SOU ruim". O que desemboca em sentimentos de vergonha. Em vez de permitir que o vácuo os leve a pensar que a culpa é deles, forneça uma explicação adequada à idade e lhes dê a oportunidade de fazer perguntas; proporcionar esse recipiente os libertará com grande alívio. A narrativa fornece uma sensação de "Ah! É isso o que está acontecendo. Agora eu sei, mesmo não gostando". Ao mesmo tempo, você reitera a informação de que está ali para cuidar deles.

Outro exemplo é de quando meu filho mais novo estava no sétimo ano. Ele e um grupo de amigos tinham combinado de se encontrar em nossa casa no Dia das Bruxas e saírem pela vizinhança para pedir doces sozinhos. Mais cedo naquele dia, tinha acontecido um ataque terrível em uma ciclovia muito movimentada, não muito longe de onde morávamos. Fiquei pensando se deveria abordar o assunto com eles. Me perguntei se sabiam e, honestamente, torci para que não soubessem, pois assim poderiam continuar sendo crianças inocentes indo pedir doces. Monitorei a situação enquanto eles se arrumavam alegremente e conversamos até onde poderiam ir e quando deveriam voltar para casa. Quando estavam na porta, meu filho se virou e perguntou: "Mãe, aconteceu alguma coisa ruim hoje?".

Perguntei o que ele sabia.

Ele repetiu a pergunta e disse: "Conta".

Confirmei que sim, que algo ruim tinha acontecido. "Alguém se machucou?", ele perguntou.

Respondi que sim, sem dizer que pessoas tinham morrido (ele não tinha perguntado). Então garanti que não havia perigo em nossa região e que ele podia sair com os amigos. Eles saíram. Eu havia respondido a sua pergunta naquele momento e teria tempo para pensar no que diria mais tarde. Qual seria a narrativa? Queria ser sincera e não exageradamente assustadora.

Corta para mais tarde: as crianças voltaram e animadamente separaram, comeram e trocaram doces. Os amigos foram embora. Já estava tarde e silencioso quando ele disse: "Por favor, me conte o que realmente aconteceu".

Precisei pensar no que queria compartilhar com meu quase adolescente, uma vez que já era hora de dormir. A idade, o nível de desenvolvimento e o temperamento da criança sempre devem ser levados em conta na hora de fornecer uma narrativa honesta que seja tanto verdadeira quanto adequada. Expliquei com alguns fatos a situação e o que havia acontecido. Ele fez duas perguntas: "Onde aconteceu?" e "Alguém morreu?". Mais cedo, ele não estava preparado para perguntar isso (estava saindo para se divertir e esse não era seu foco). Confirmei que pessoas tinham morrido e que outras ficaram feridas. Também lhe disse que o responsável tinha sido capturado e que não ia ferir mais ninguém. Percebi seu alívio e — apesar da gravidade do ocorrido — uma sensação de segurança. Então ele se deu conta de que tinha acontecido em um local pelo qual passávamos de bicicleta, e conversamos sobre quão assustador era conhecer o lugar. Também informei que o local ficaria fechado por um tempo e que, quando fosse reaberto pela polícia, seria seguro voltar a andar de bicicleta lá. E foi o que aconteceu com o tempo.

Consegui ajudar a criar uma narrativa dos eventos respondendo a suas perguntas com honestidade, sem fornecer mais informações do que eu achava que ele poderia lidar na época. Pensar no que seu filho precisa no momento e fornecer a segurança (como "o responsável foi capturado") é fundamental, assim como reforçar que existem pessoas trabalhando para manter a segurança. Dei a meu filho informações suficientes para ele entender o que estava acontecendo e não ser pego de surpresa pelo que ouviria na escola nos dias seguintes e garanti que estava aberta para responder a outras perguntas — que vieram, geralmente em momentos aleatórios e inesperados. Isso vale para quando coisas ruins acontecem em sua comunidade ou família e também no mundo em geral.

Para adultos ocupados, é fácil esquecer que crianças de qualquer idade não necessariamente entendem como as coisas se conectam nem compreendem o que está acontecendo a seu redor. No entanto, quando os pais se tornam uma voz confiável e segura, passam a ser a âncora e o recipiente de sua experiência. A âncora se materializa no gerenciamento de nossas próprias emoções e no fornecimento de explicações que os ajudem a se sentir seguros. Já o recipiente ouve suas preocupações, percebe seus sentimentos e fornece atenção, tempo, acolhimento e abraços extras, tudo com o objetivo de ajudá-los a dar sentido ao mundo, de modo que não se sintam oprimidos por preocupações, situações ou sentimentos assustadores, e de fornecer-lhes um espaço seguro para lidar com essa gama de sentimentos.

Redefinir e consertar

Narrativas também fazem parte dos processos de redefinição quando mudanças acontecem e de conserto quando há desconexão entre você e seu filho. A previsibilidade das rotinas e dos padrões fornece uma base segura para a interação entre vocês e a movimentação de cada dia. Ainda assim, rotinas nem sempre são consistentes, o que não é um problema, já que uma falta de consistência ocasional se transforma em oportunidade para você desenvolver uma relação mais forte com seu filho. Rupturas nas rotinas e, de modo semelhante, desconexões no relacionamento de vocês acontecerão naturalmente e podem ser esperadas. Um elemento vital na manutenção de um laço amoroso e seguro com seu filho é saber reconectar quando acontece uma ruptura nas rotinas ou um conflito ou desentendimento entre vocês, o que provavelmente ocorre com mais frequência do que você imagina. Pense no que falamos anteriormente sobre parentalidade suficientemente boa, segundo a qual a perfeição não é um objetivo saudável. O que importa na verdade não é o incidente de desconexão, a ruptura na rotina ou o conteúdo do conflito ou irritação; o que importa é como você os conserta e se reconecta a seu filho, e cabe a você tomar a iniciativa.

Uso o termo "ruptura" quando me refiro a rotinas e mudanças na vida das crianças que causam irritação ou instabilidade. Uso o termo "desconexão" quando há falhas, pequenas ou grandes, em seu relacionamento com seu filho, incluindo conflitos e momentos de falha de comunicação ou desentendimento, quando o vínculo de confiança entre vocês é rompido ou testado, de modo que há a necessidade de conserto. Rupturas e desconexões vêm em todas as formas e tamanhos, independentemente da idade da criança. Eis alguns exemplos:

- Sua filha está no oitavo ano e a professora predileta ("A única de que eu gosto de verdade!", segundo ela) vai sair em licença-maternidade. Sua filha retruca quando você tenta explicar quem vai substituir a professora.
- A família tinha planos para o fim de semana, mas eles são transferidos para o fim de semana seguinte porque você tem um trabalho importante para entregar. Os primos não virão como planejado. Seu filho de 8 anos grita que você é o pior pai do mundo e questiona por que trabalha tanto.
- Normalmente o pai cuida da rotina da hora de dormir do filho de 4 anos, mas não poderá fazer isso esta noite. Segue-se um ataque épico de birra, principalmente porque o pai também não pôde estar presente no início da semana.
- Você grita com seu filho porque ele não escuta ou enrola para ir se deitar, acusa seu adolescente de mentir antes de saber exatamente toda a história, é grosseiro com seu filho por estar cansado

das respostas malcriadas dele, ou ignora o choro do filho pequeno, a ponto de ele gritar para ser ouvido, tudo isso enquanto se sente esgotado.

Tais situações são lembretes de que aquilo que nos parece pequeno ou sem importância, e para o que talvez tenhamos soluções razoáveis — "Papai vai te colocar na cama amanhã"; "Os primos virão no próximo fim de semana" —, pode ser perturbador para seu filho. Situações estressantes levam seu filho a reagir, e qualquer mudança na rotina tem o potencial de ser estressante, o que ressalta mais uma vez o benefício de nossa presença sintonizada. Mesmo quando as crianças compreendem o motivo das mudanças, ainda haverá momentos em que ficarão perturbadas, irritadas ou reativas. As alterações de humor delas indicam que não estão confortáveis com a mudança. Uma vez mais, seu relacionamento se torna o recipiente e a âncora delas, na medida em que é uma oportunidade de aceitar seus sentimentos (sendo recipiente) e reafirmar que tudo está bem (sendo âncora). Mesmo que tais rupturas sejam temporárias, as crianças ainda podem sentir uma vulnerabilidade crescente com a qual você precisa lidar para ajudá-las a se sentir estáveis e seguras novamente. Lembre-se que elas contam com você para ajudá-las a se adaptar a mudanças nas circunstâncias. É importante, por exemplo, que você explique o motivo da mudança de planos e garanta que a quebra na rotina não é permanente: "É só por hoje; amanhã sua professora vai voltar" ou "Quando o vovô for embora, você volta para o seu quarto". Explicações explícitas fazem bem às crianças, que assim não preenchem as lacunas se culpando ou agindo de outra forma dolorosa. Por exemplo:

Explique o motivo da ruptura. "Eu disse que iria a seu evento na escola, mas fiquei preso até tarde no trabalho e achei que seria melhor que mamãe fosse no meu lugar. Sei que era um grande evento e que isso deixou você triste. Desculpe; eu errei."

Conserte a desconexão. "Às vezes mamãe e eu discutimos, e hoje nós discordamos. A culpa não é sua; não deveríamos ter gritado daquela forma. Resolvemos o problema e ainda nos amamos e amamos você, mas sei que foi assustador. Desculpe por termos ficado tão irritados a ponto de gritar, vamos nos esforçar para nos relacionar melhor."

Quando você reconhece um incidente pelo que ele realmente foi, seja um acidente, uma mudança repentina que causou perturbação, um mal-entendido ou um erro não intencional que desapontou seu filho, ele usará sua sugestão para se acalmar e seguir em frente, mesmo que precise de algum tempo. Tanto a explicação da ruptura quanto o conserto são um alívio, pois são lembretes de que acidentes acontecem e de que a conexão entre vocês pode ser restaurada.

Eis outro exemplo de como lidar com uma ruptura na rotina das crianças. Digamos que você recebeu uma mensagem explicando que a professora do Ensino Infantil faltará hoje, dia em que seu filho seria o ajudante de turma. Quando comunica essa mudança ao seu filho, ele fica calado e claramente desapontado. Em seguida, você o vê sentado no chão, se recusando a calçar os sapatos e vestir o casaco. O que aconteceu com seu filho, sempre tão tranquilo de lidar? A animação matinal rotineira dele foi interrompida pela notícia de que a professora faltaria. Abordar abertamente o desapontamento e garantir que ele será ajudante de turma outro dia talvez seja suficiente para fazê-lo ir para a escola. Com essa narrativa, ele talvez ainda se sinta desapontado, mas o fato de você reconhecer sua experiência lhe dá o apoio e o espaço para seguir em frente e se adaptar — a essência de redefinir e consertar.

Quando você inicia um conserto, está ensinando a seu filho uma lição valiosa sobre a natureza dos relacionamentos: não são ou/ou, não são tudo/nada. Não é porque vocês dois discordaram, se magoaram ou trocaram palavras dolorosas que o relacionamento acabou. Ao reservar tempo para consertar, você envia a mensagem de que ama seu filho independentemente de qualquer coisa, incluindo esses momentos negativos, de ruptura, que podem ser muito difíceis. Assim, as crianças aprendem que, ainda que ocorram erros e sentimentos intensos, consertos e reconexões são possíveis, o que as ancora e as ajuda a desenvolver confiança em você e no relacionamento que criaram. Essa comunicação também tem o importante papel de ajudar a criança a se sentir segura e alicerçada internamente, apoiando-a no aprendizado de não ser severa demais consigo mesma, pois contratempos acontecem, já que são parte da vida, dos relacionamentos, do crescimento e do aprendizado.

Ter atendida a necessidade essencial de segurança permite que sua criança ou adolescente desenvolva e reforce uma sensação interna de estabilidade e confiança, de que está bem e de que não está sozinha mesmo quando acontecem mudanças com ela ou no entorno. Ao longo dos anos de crescimento, para reforçar o sentimento interior de segurança, ela depende de que nós lhe demonstremos que pode confiar. Cada vez que nos reatamos e nos esforçamos sinceramente para nos reconectar, a confiança é reforçada. Por sua vez, a criança aprende a confiar em si mesma e sabe que será capaz de recuperar a sensação de segurança e de ficar bem ante qualquer tipo de ruptura ou mudança, seja no relacionamento entre vocês, seja na vida.

Quando algumas famílias ficaram separadas por causa da covid-19, sugeri que se mantivessem conectadas virtualmente e deixassem bem claro para as crianças que "Papai vai voltar logo e jantaremos juntos de novo". Ao mesmo tempo, era importante reconhecer os sentimentos delas com tranquilidade: "Você está preocupada com o papai. Queria que ele estivesse em casa. Papai vai ficar bem". Crianças precisam saber que o pai, ou outro membro da família que está ausente, está bem onde estiver, que vai retornar e que as rotinas serão retomadas.

No caso específico de uma família, o pai estava visitando a família na América Latina quando o mundo paralisou e as fronteiras foram fechadas de repente. Foi assustador para todos, e a filha de 6 anos se recusou a sair de casa por diversas semanas, mesmo que fosse por pouco tempo, o que se tornou um desafio em um apartamento pequeno. Assim que o pai voltou, ela começou a sair de casa um pouquinho a cada dia, até que se sentiu segura para brincar por períodos mais longos, sabendo que todos estavam reunidos.

Em tempos de crise, pode ser difícil ser âncora e recipiente para seu filho. Em outro exemplo, uma família se separou porque um dos pais ficou trabalhando enquanto o outro levou as crianças de 2 e 5 anos para um acampamento. Durante a viagem de carro, houve um incêndio florestal, e o pai e as duas crianças tiveram que passar por uma parede de fogo para escapar. Estressado e tentando manter a calma, o pai não tirou os olhos da estrada e se esforçou para manter a compostura — estava compreensivelmente assustado e tinha um objetivo: levar a família para um lugar seguro. Perguntei a ele como manteve a calma nessa viagem aterrorizante, e ele contou que, mesmo ciente do perigo, queria que os filhos se sentissem seguros, por isso colocou músicas infantis e convidou os filhos a cantar no carro. Quando o filho viu as cores das chamas, começou a cantar sobre cores. O pai então sugeriu que cantassem canções de chuva e desejassem que a chuva apagasse o fogo. "O tempo todo, apenas tentei manter a calma enquanto olhava para a frente, focado em nos afastar do incêndio."

Uma semana mais tarde, quando encontrei novamente a família, o pai ainda estava abalado. Ele tinha consciência do perigo pelo qual havia passado e agora estava tendo pesadelos. Embora tenha precisado buscar ajuda emocional para si, os filhos voltaram para a escola sem nenhum impacto negativo, até onde era perceptível. Quando perguntei como estavam as crianças, ele me contou que elas só falavam sobre "cantar com o papai no carro". Ficou claro para nós dois que, graças à capacidade do pai de protegê-las do próprio medo, a consciência das crianças acerca do perigo que tinham corrido era mínima.

Então, qual é a melhor maneira de ajudarmos nossos filhos a desenvolver essa sensação interior de estar bem, mesmo em momentos de incerteza ou crise? Queremos ajudá-los a entender que não estão sozinhos, que estamos com eles, e assegurar-lhes de que estão seguros e protegidos, ainda que nós mesmos não nos sintamos assim. Eles vão carregar consigo esse sentimento de estabilidade, mesmo que você não esteja perto fisicamente. Uma forma de fazer isso é lembrar seus filhos de situações difíceis anteriores pelas quais vocês passaram juntos, como família. Lembretes explícitos ancoram as crianças no presente e as ajudam a construir um reservatório próprio de resiliência, desde que, claro, você as proteja de estressores da melhor forma que puder.

Você conta

Manter-se centrado frente aos colapsos, às birras ou à inabilidade dos filhos de ouvir nossos pedidos raramente é fácil. Algo que pode nos ajudar a administrar nossas próprias reações é ter em mente que crianças não são miniadultos. Longe disso. Adolescentes tampouco. Destaco essa questão porque haverá situações em que nossas expectativas para os filhos não estarão alinhadas às capacidades deles naquele momento. Pode acontecer de lhes pedirmos que lidem com experiências para as quais ainda não estejam prontos, e sua incapacidade pode nos surpreender. Por exemplo, talvez você ache que seu filho está pronto para ser deixado sozinho em uma festa de aniversário, para tentar um esporte novo ou recitar um poema em público e, quando ele se recusa ou demonstra de outra forma que não vai fazer isso, você fica desapontado, frustrado, até mesmo chateado. De modo semelhante, quando nossos filhos ficam chateados, podemos nos sentir frustrados inicialmente, em especial se não se acalmarem com nossa orientação. Podemos ficar irritados e nos afastar justamente quando eles precisam de nosso apoio.

Por exemplo, certa noite, um dos meus filhos adolescentes entrou na cozinha batendo o pé, claramente irritado, gritando algo como: "Você disse que ia cuidar das roupas hoje! E não estou achando uma calça que eu queria! Por que você disse que ia fazer e não fez? Eu mesmo teria feito!". Ele estava enfurecido.

Eu deveria ter dito para mudar sua atitude e o punido? Deveria ter gritado com ele por estar falando daquele jeito? A verdade é que fiquei surpresa com a raiva e o tom dele, me senti atacada. Não gosto de ser tratada assim e não sabia o que estava acontecendo, embora fosse clara a irritação dele. Consegui respirar fundo e me centrar (normalmente uso mantras como "Não leve para o lado pessoal. Seja a adulta"), de modo que não fiquei na defensiva nem revidei. Também tentei separar as situações: 1) ele podia estar zangado; mas 2) não podia ter falado comigo daquele jeito. Eu era experiente o bastante para não levar para o lado pessoal as reações do meu filho às próprias emoções. Eu não conseguiria ajudá-lo a se estabilizar se ficasse na defensiva e, além disso, tinha que me manter centrada.

Olhei em seus olhos e calmamente, porém com firmeza, disse: "Você está zangado, mas sugiro que saia, volte e pergunte de novo... de outra forma". Falei isso com alguma graça, para que ele percebesse que eu não estava levando seu comportamento para o lado pessoal; mas também queria que ele soubesse que eu não responderia a esse tipo de demanda. Eu estava estabelecendo um limite e ao mesmo tempo demonstrando que estava disponível para ouvir sua necessidade.

Para minha surpresa e satisfação, vi seus ombros relaxarem e então ele se virou e saiu. Alguns instantes depois, voltou com um pequeno sorriso e disse: "Mãe, preciso das minhas roupas. Posso terminar de lavá-las".

E, com isso, ele foi para a lavanderia. Sem vergonha, sem culpa. Voltou mais tarde e pediu desculpas (nunca se sabe quando isso vai acontecer, mas acontece). Reconheceu que estava preocupado com um trabalho escolar e que não encontrar as calças prediletas foi a gota d'água para deixá-lo frustrado. Rimos da primeira situação e da segunda também.

A questão aqui é que, quanto mais leves formos internamente e mais cientes de nossa necessidade de estabilização, mais capazes seremos de ajudar nossos filhos a aprender a lidar com situações tensas. Nesse exemplo, reconheci a raiva do meu filho, mas também estabeleci o meu limite, o que preparou o campo para o conserto e a reconexão.

Ao respirar fundo e me concentrar primeiro na minha própria reação, consegui responder impondo um limite razoável, e não uma punição. Ele pôde sair, se reestruturar e voltar com uma atitude mais leve e um pedido de desculpas. O incidente ficou para trás, nos reconectamos positivamente e pudemos seguir em frente.

QUESTÕES PARA REFLEXÃO

Ao pensar sobre a melhor forma de infundir e reforçar a sensação de segurança no relacionamento com seu filho, pergunte-se:

- Você está ciente das necessidades básicas de seus filhos? Como está tentando satisfazê-las?
- O que impede você de perceber quais são as necessidades de seu filho?
- Que rotinas familiares você estabelece para ancorar as atividades diárias?
- Como você reage quando seu filho fica chateado com a mudança em uma rotina?
- Como você se sintoniza individualmente com seus filhos em meio a circunstâncias mutáveis?
- Quem ajudou você a sentir-se seguro quando era criança e precisava de apoio? Qual era a sensação?
- Como sua própria experiência pode estar afetando ou moldando suas perspectivas de determinadas situações e a forma como você reage a seu filho?
- Você está ciente das próprias reações durante momentos estressantes? Como lida com suas necessidades de modo a estar disponível para ajudar seu filho?
- O que você pode fazer para entender as próprias reações?
- Quando seu filho está angustiado, como você se sente?

4

O princípio do equilíbrio

Segundo pilar: aprender a regular

Auxiliar as crianças a lidar com a intensidade de sua experiência emocional e a compreender sua imensa gama de sentimentos é essencial para ajudá-las a aprender a se autorregular, o processo pelo qual gradualmente aprendem a se adaptar a mudanças, desapontamentos, perdas ou qualquer tipo de interrupção no *status quo*. Quanto mais rápido ou mais fácil a criança consegue retomar o equilíbrio interno, mais apta se torna para lidar com o estresse, ajustar-se a ele e seguir em frente. Quando as ajudamos a desenvolver as habilidades de regulação, elas se tornam mais capazes de absorver fatores de estresse, de lidar com circunstâncias mutáveis e de se manter alicerçadas e funcionais. Talvez você ache que não seja bom para o seu filho ficar triste, chateado ou com raiva e que seu trabalho é protegê-lo de tais sentimentos. Estou aqui para contar que a verdade é exatamente o oposto. Emoções fortes — em especial as negativas — não apenas são naturais como também necessárias para o desenvolvimento de uma pessoa bem ajustada. Evitar, rejeitar ou enterrar esses sentimentos apenas provocará dor e causará uma deterioração interna, travando o desenvolvimento de seu filho e interferindo em seu crescimento pessoal. Por outro lado, quando a criança aprende a identificar, sentir, aceitar e lidar com os próprios sentimentos, aprende outra habilidade fundamental de resiliência: a autorregulação.

Pais sintonizados são capazes de ensinar os filhos a prestar atenção à própria relação mente-corpo e, assim, a se tornar mais conectados a seus alertas internos e à experiência emocional concomitante. Pais fazem isso quase naturalmente por meio de muitas interações, em especial quando as crianças estão chateadas. Com a ajuda dos pais, que aqui também atuam como recipiente para a experiência emocional dos filhos e âncora de segurança e consistência, os filhos estarão aptos a identificar e processar tanto as emoções positivas quanto as negativas, sem que a intensidade delas os faça perder o controle.

Quando tem um pai que lhe permite experimentar toda a gama de sentimentos sem repreendê-la ou ridicularizá-la, a criança aprende a aceitar seus sentimentos, em vez de se sentir envergonhada por tais emoções. É nossa função ajudar os filhos a se sentirem compreendidos e apoiados, para que, por sua vez, aprendam a entender emoções negativas ou difíceis e a lidar com elas mesmo em tempos de incerteza. Além disso, a compreensão que pais demonstram aos filhos — mesmo quando fazê-lo é desafiador — serve de modelo para estes de como tratar a si e aos outros. Crianças aprendem a ter empatia e compaixão pelos outros se primeiro experimentarem ser compreendidas e tratadas de forma sensata, gentil e sem julgamentos, em especial nos momentos mais difíceis.

Tenha em mente que existe uma enorme variação na forma e no ritmo em que as habilidades regulatórias se desenvolvem e são dominadas; não existe um prazo ou uma forma única de desenvolver ou ensinar crianças a administrar seus sentimentos e comportamentos. Além disso, as crianças de uma mesma família ou lar serão diferentes na forma como desenvolverão habilidades regulatórias, o que pode complicar ainda mais sua vida, já que precisará entender as formas e reações particulares de cada uma. Quando achar que uma criança está melhorando cada vez mais e que você pode recuar um pouquinho, outra talvez demonstre que precisa de mais ajuda e atenção.

Corregulação: são necessários dois

Ser âncora e recipiente para seu filho implica ajudá-lo a corregular o sistema mente-corpo. De forma mais imediata, um bebê ou uma criança pequena depende de você para se acalmar, relaxar e conter a agitação Considere o gráfico a seguir.

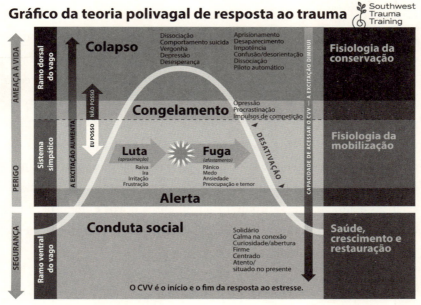

© Ruby Jo Walker, LCSW 201. Southwest Trauma Training. swtraumatraining.com. Adaptado por Ruby Jo Walker a partir de Cheryl Sanders, Dr. Peter Levine, Anthony Wheeler e Dr. Stephen Porges.

FIGURA 4.1: Teoria polivagal do estímulo de Stephen Porges. *Adaptado por Ruby Jo Walker, da Southwest Trauma Training, com permissão.*

O ponto mais alto é semelhante a uma alta temperatura que reflete o aumento no estímulo do sistema mente-corpo da criança. Quando a temperatura ultrapassa 38 graus, por exemplo, você entra em ação para ajudar a temperatura (ou febre) a voltar a um estado neutro, mais equilibrado (sem febre). Você faz isso naturalmente: quando seu filho está angustiado, você tenta acalmá-lo ou entender o que está causando a chateação. Quando o ajudamos a baixar a temperatura do estímulo, permitimos que seu sistema mente-corpo volte ao estado de equilíbrio, o que, por sua vez, gera sentimentos de segurança e estabilização. Ao longo do tempo, ajudar a criança (ou adolescente) a retomar o estado de equilíbrio após sentir emoções intensas ou simplesmente perder o prumo reforça a sensação interna dela de estar centrada e sua capacidade de confiar em si mesma e nos outros.

Por outro lado, sem a presença ou apoio de um adulto confiável, a criança terá problemas para se regular e se sentir segura, o que pode se mostrar de diferentes formas: problemas para dormir, emoções fora de controle, comportamento impulsivo ou reativo ou talvez uma retração, passividade ou isolamento crescentes, que serão mais difíceis de detectar. Esses podem ser sinais de que a criança está com problemas para se regular e de que ela não tem a sensação interior de segurança de que tanto precisa. Normalmente, o ato de se aproximar da criança e garantir que está tudo bem é suficiente para que pais ou cuidadores estabeleçam as bases para que ela venha a imitar o processo por conta própria. Quando crianças e adolescentes enfrentam sentimentos novos e intensos, pais e outros adultos também podem reforçar técnicas de autorrelaxamento, introduzindo ou exemplificando sugestões:

"Vejo que você está chateado; vamos dar uma volta" ou "Talvez um passeio ou uma corrida o ajude a se sentir melhor".

"Que tal a gente sentar e ler um livro juntos? Vou amar ter você no meu colo".

"Está com medo do cachorrinho? Sei que é grande, mas não vou deixar que ele machuque você. Podemos passar juntos um pouquinho mais perto".

"Isso realmente está preocupando você; estou aqui se precisar conversar".

"Você está muito chateado agora. Será que escrever em seu diário ajudaria?".

Prestar atenção aos ritmos, vulnerabilidades, pontos de estresse e necessidades únicos de seu filho permitirá a você se manter conectado e antecipar o que pode deixá-lo chateado. Independentemente da causa (e não importa quão ridícula você a considere), é com a experiência sentida por seu filho que você está se alinhando, e é preciso suspender seu julgamento, o que nem sempre é fácil. Parte da calma ocorre no nível físico, ao segurar a criança, abraçá-la ou colocar gentilmente a mão no ombro ou nas costas dela. Outros calmantes se dão na comunicação. Tente ser um bom ouvinte, falar ou fazer gestos de compreensão e empatia; sendo um ouvinte atento e calmo, você pode ajudar seu filho a se sentir melhor, e essa é uma habilidade que frequentemente subestimamos quando falamos de estar presentes para eles.

Então, o que você faz quando a explosão, chateação ou a birra está em um nível muito alto? Em momentos de emoções fortes, sua reação imediata à intensidade talvez seja dizer a seu filho para "se acalmar". Emoções intensas podem nos tornar mais controladores. O problema é que a imposição de cima para baixo raramente é bem-sucedida. Eu entendo: como pai, você fica chateado; no entanto, se der um passo para trás e olhar a cena como um todo, provavelmente perceberá que as reações imediatas costumam sair pela culatra. A criança sente a tensão ou irritação do pai, o que a deixa ainda mais chateada. Nesses momentos inflamados, em que seu filho já está sufocado por emoções, dar orientações ou ordens não vai funcionar; é provável que gritos de "Calma!", "Pare de chorar!" ou "Não se preocupe com isso!" não serão ouvidos, pelo contrário, podem inflamar uma situação já intensa.

O primeiro passo para ajudar uma criança aflita é se conectar com ela, quer ela tenha caído no parquinho e se machucado, quer tenha tido um dia difícil na escola e chegado chorando em casa. Nesse momento emocionalmente carregado, seu filho precisa que você respire fundo e torne ao lugar de pai centrado a fim de ajudá-lo. Ter consciência do que seu filho necessita pode alterar sua abordagem radicalmente. O fundamental é se lembrar de que: 1) seu relacionamento conectado é o que importa; e 2) o objetivo é ajudar seu filho a se centrar, para que ele retome a calma e o equilíbrio.

Cada vez que ajuda a corregular (acalmar) seu filho, o pai se aperfeiçoa. É preciso que a criança vivencie muitas vezes o sobe (chateação) e desce (maior estabilização, maior equilíbrio) de sua exaltação para aprender a administrá-la por conta própria. Sua mente e seu corpo absorvem e decodificam cada episódio de corregulação como parte do aprendizado em lidar com as próprias emoções. Por exemplo, quando Xavier, de 4 anos, fica sabendo que acabou o cereal, começa a gritar e se joga no chão. Sofia, sua bem-intencionada mãe, tenta lhe explicar que vai comprar mais, porém as emoções já tomaram conta dele e nenhuma explicação racional vai ajudar. Quando me relatou essa história, Sofia contou que Xavier "sabia que compraríamos mais depois", o que a deixava perplexa com tal escândalo.

Apontei que, embora ele soubesse que o cereal seria comprado mais tarde, não era capaz de ter consciência disso durante a explosão. As emoções estavam inundando seu cérebro e, nesses momentos de explosões emocionais, qualquer pensamento racional é quase impossível. À medida que a criança cresce, suas competências racionais se fortalecem e se tornam mais aptas a resistir a explosões emocionais, mas, para Xavier, no calor do momento, as partes emocional e cognitiva são indissolúveis. Quando as emoções estão intensificadas, pode ser difícil para qualquer um de nós se manter focado, quanto mais pensar razoável ou racionalmente. O desafio como pai é manter as próprias emoções sob controle, com o intuito de focar em ajudar nossos filhos a aprender a se acalmar quando estiverem chateados.

Em outro exemplo, uma frustrada aluna do quinto ano quase fica paralisada por não entender como se monta uma estrutura complicada que faz parte do projeto escolar de construção de pontes. Normalmente, ela é confiante, solucionadora de problemas, mas, uma vez chateada, perde facilmente a capacidade de pensar em soluções possíveis. Emoções podem dominar o pensamento ou a capacidade cognitiva de uma criança em tais momentos. Então, qual é a melhor maneira de ajudar a criança ou o adolescente a sair desse estado altamente desregulado e acalmar seu sistema sobrecarregado? Nesse estágio inicial, trata-se de ajudar seu filho a restabelecer o equilíbrio interno.

Com base em conversas com minha colega de pós-graduação da Universidade Duke Laura Bennett Murphy — uma conceituada psicóloga infantil e terapeuta do trauma na Universidade de Utah —, fiz uma adaptação em cima do trabalho dela com crianças profundamente traumatizadas para usar em momentos mais generalistas, porém emocionalmente intensos. As técnicas são apresentadas ao longo deste capítulo. Este primeiro exercício tem a ver com a biofisiologia da criança e pretende ajudá-la a sair de um estado de desregulação para um mais calmo e estável, diminuindo a agitação. Experimente e mantenha seu foco nesse objetivo:

1. Comece com o objetivo de se centrar.
    i.   Sinta os pés bem firmes no chão.
    ii. Visualize o piso e pergunte a si mesmo: "Meus pés estão no chão? Estou estável?".
    iii. Expire. Lentamente, inspire profundamente para se estabilizar e baixar sua agitação. Repita de uma a três vezes, até sentir a respiração se regularizar.
    iv. Lembre a si mesmo de que seu filho está fazendo o melhor que pode e, mentalmente, separe seu filho do comportamento dele. Faça o melhor que puder para não levar suas ações para o lado pessoal.
    v.   Use um mantra para reforçar sua consciência:
        • "Eu sou o adulto."
        • "Eu posso lidar com isso."
        • "Ele precisa de mim agora."
    vi. Respire lentamente de novo e lembre-se de que essa enorme perturbação atual é apenas passageira. O que quer que esteja acontecendo com seu filho, não vai durar para sempre

e não é como ele se comporta ou reage em todas as situações; trata-se desta noite ou deste dia, e vocês vão superar. Se começar a se sentir preso ou oprimido, lembre a si mesmo de que é capaz de lidar com esse momento, pois já fez isso antes. Pense em um resultado positivo do passado.

Uma vez que tenha retomado o próprio equilíbrio, você pode ajudar seu filho. O pai que está agitado e desregulado não vai conseguir acalmar o filho.

2. Comece a ajudar a criança que está estressada e desregulada.

   i. Como ponto de partida, ajude seu filho a respirar mais lentamente para acalmar o sistema dele. Tente você mesmo respirar fundo lentamente e exalar de forma audível (faça "hum" para ajudar), para que seu filho ouça, sinta seu apoio e respire lentamente. Você pode tentar incentivá-lo dizendo suavemente: "Respire devagar, está tudo bem, devagar, estou aqui". A prática da respiração serve para ajudar seu filho a estabelecer um ritmo. Funciona para algumas crianças, mas não para todas. Não se preocupe caso não funcione sempre com seu filho; tenha consciência de que ainda assim sua respiração mais calma será sentida por ele.

   ii. Olhe para seu filho com carinho, toque-o ou abrace-o se ele deixar. Você quer que ele saiba que você está com ele, que sinta sua conexão, da maneira que ele for capaz de recebê-la em meio à perturbação.

   iii. Agora você pode começar a reconduzi-lo ao presente e ao que está acontecendo:
       - Narre o momento. Descreva calmamente o que está acontecendo; nomeie e faça uma conexão com a experiência da criança. Seu filho começará a reagir à natureza equilibrada do pai. Por exemplo:
           » "Você caiu do brinquedo e isso doeu muito."

> » "Seu amigo não responde às suas mensagens e isso aborreceu você."
>
> » "A prova não foi como você esperava e foi uma enorme decepção."
>
> » "Você achava que eu deveria ter feito aquilo e, quando eu não fiz, ficou muito irritado."

iv. Lembre ao seu filho que você está presente: "Podemos resolver isso juntos"; "É difícil, mas vai passar; vamos superar"; "Estou aqui; vou ajudar você".

v. Evite fazê-lo sentir vergonha ou culpa pelo comportamento dele ou pela maneira como ele se sente.

Todos nós precisamos saber como nos acalmar e lidar com emoções intensas. Ficar aborrecido é humano. Todos queremos ser capazes de nos tranquilizar e nos sentir calmos. Conforme a criança cresce, você pode, aos poucos e consistentemente, ir recuando à medida que ela aprende a lidar por conta própria com esses momentos, permanecendo próximo para apoiar e ajudar sempre que necessário. Por fim, a capacidade da criança de lidar com emoções intensas e momentos de ruptura melhora (um alívio para o pai!), e ela se torna cada vez mais capaz de se acalmar ou tranquilizar, geralmente sozinha. Algumas crianças levarão mais tempo para aprender essas habilidades calmantes e reguladoras, e mesmo uma que lide bem com perturbações emocionais em dado momento e tenha criado mecanismos de enfrentamento confiáveis pode não agir assim sempre. Sua ajuda ainda é necessária.

Ter um conjunto de técnicas para acolher crianças ou adolescentes que estejam altamente estressados é útil, e o ideal é experimentar mais de uma estratégia. Em um momento de emoções intensas, talvez você precise, primeiro, tentar formas diferentes de se conectar e, então, estabilizar a situação. Uma tentativa ter falhado não significa que você fez algo de errado. Podem ser necessárias tentativas diferentes para você entender o que funciona com seu filho no geral, ou em momentos particulares.

Usando os sentidos para ajudar a acalmar seu filho

Começo aqui com técnicas que usam os cinco sentidos para ajudar a acalmar uma criança aborrecida e para baixar sua agitação fisiológica. Ativar os sentidos físicos (toque, movimento, som, apertos — dependendo do que estimula seu filho) pode reorientá-lo a voltar ao aqui e agora e a regulá-lo outra vez. Quando está altamente aborrecida, a criança pode perder o senso de onde está e do que está acontecendo. Conectar-se com ela fisicamente pode ser calmante. Você precisará tentar abordagens diferentes para ver o que funciona com seu filho, sempre tendo em mente que a reação dele pode variar de acordo com o momento. Algumas formas de fazer isso (tente as suas também) incluem:

- Apertar algo macio. Brincar com massinha de modelar ou com brinquedos fofinhos pode aliviar a pressão. Fechar as mãos em punhos e soltar (sob orientação de um pai) também pode ajudar; ou tente fazer seu filho apertar seu dedo cada vez mais forte e depois soltar.
- Tensionar os dedos. Peça a seu filho para tensionar os dedos dos pés e relaxar; repita isso três ou quatro vezes. Faça o mesmo com os dedos das mãos. Você pode fazer junto enquanto o orienta.
- Levantar os ombros e soltar. Levante e solte os ombros.
- Massagear as mãos, os dedos ou os pés dele com uma pressão suave. Você pode dizer "Entendo. Estou aqui. Vamos superar isso" enquanto massageia.
- Abrace seu filho e dê pequenos apertos nos cotovelos, braços, ombros ou coxas.
- Ligue uma música. Coloque uma música que acalme ou, para algumas crianças, uma que acelere, faça seu filho se movimentar e então o acalme conforme fique mais lenta. Tente música acelerada e lenta.

- Ponha-o em movimento. Andar de patinete, correr no quintal, pular na cama elástica, pular corda, balançar com seu filho de um lado para o outro (ao seu lado ou, se menor, no colo), passear juntos.
- Brincar de peão. Soltar um peão e ficar olhando para onde ele vai acalma crianças de todas as idades.
- Fazer sons. Cantarolar pode ser calmante. Com seu filho, respire fundo e cantarole o máximo que puder; então inspire lenta e profundamente várias vezes. Ele pode ouvi-lo e começar a cantarolar junto.
- Usar compressa fria. Para conter emoções extremas e aborrecimento em uma situação acalorada, coloque uma compressa fria, toalha úmida ou bolsa de gelo na testa, na nuca ou nos punhos de seu filho, para baixar a temperatura fisiológica. Converse, explique o que está fazendo e o porquê: "Vou colocar isso em sua nuca para refrescar você". No caso de crianças mais velhas, uma máscara de gel bacana é uma alternativa (vocês podem comprar uma juntos, dando à criança autonomia para lidar com as próprias emoções da próxima vez). Adolescentes podem jogar água fria no rosto ou tomar uma ducha fria.

Outra forma de auxiliar um filho altamente angustiado é usar o ambiente para ajudá-lo a se reorientar ao aqui e agora e reduzir a aflição. Mais uma vez, isso envolve usar os cinco sentidos e se conectar ao estado fisiológico dele, mas neste momento é importante não chamar a atenção para o que o está deixando angustiado, pois agravaria a agitação. Em vez disso, sente-se com ele para fornecer apoio e o reoriente ao entorno:

5. Visão. Ajude-o a visualizar e observar o que há no entorno. Você pode dizer: "Me fale **cinco coisas** que está vendo na sala/por perto". Peça a ele que liste o que está vendo. Se ele estiver aborrecido demais, comece com: "Estou vendo um [diga um objeto]. Você também está vendo?". (Alternativas: "Me diga o nome de cinco coisas vermelhas que você está vendo" ou "Me fale cinco coisas redondas".)

Então prossiga aos outros sentidos em uma contagem regressiva:

4. Audição. "Me diga **quatro sons** que está ouvindo agora; um é a minha voz. O que mais?"

3. Tato. "Me diga **três coisas** que você pode tocar ou sentir agora." Você pode começar esse exercício dizendo: "Estou sentindo o vento no meu rosto, os braços do sofá", e por aí vai.

2. Olfato. Oriente seu filho a respirar pelo nariz e diga: "Me fale **dois cheiros** que está sentindo". Se ele precisar de mais incentivo, descreva os cheiros que você sente.

1. Paladar. Dê a seu filho um pedaço de biscoito ou doce e pergunte: "Qual é a **única coisa** que você está saboreando agora?".

Esse exercício ajuda a aliviar a agitação da criança e a traz de volta ao presente. Ao passar pelos cinco sentidos com ela, você a lembra que está ali para ser seu recipiente e âncora e que ela não está sozinha nesse momento de turbulência emocional.

Distrações podem ajudar a atenuar emoções intensas

Lidar com angústias intensas às vezes requer se afastar da situação, mudar de lugar ou buscar uma distração, pois assim você tira seu filho da espiral crescente de emoções. Experimente as atividades a seguir para ensinar seu filho a recuperar o equilíbrio e a calma de seu sistema mente-corpo. Sugira:

- Sair para um passeio juntos. Não é preciso conversar, a menos que seu filho queira.
- Passar um tempo sozinho no quarto, no quintal ou em um canto tranquilo da casa; isso mostra a seu filho que estar sozinho pode ser reconfortante (e não uma punição).

- Criar um pequeno esconderijo onde o mundo seja mais compacto; faça um forte com almofadas ou uma tenda sob a mesa com um lençol. Se ele quiser ficar pertinho de você, talvez possa se aconchegar na cama ou no sofá.
- Acariciar seu animal de estimação ou um brinquedo de pelúcia favorito.
- Jogar bola ou brincar de pique com você.
- Subir em uma árvore, correr ou fazer outra atividade física que alivie o estresse.
- Sentar-se em meio à natureza, tocar a grama, passear por um jardim, apreciar a paisagem e os aromas, sentir o ar ou a brisa.
- Sentar-se com você e ficar desenhando ou pintando a seu lado ou no seu colo.
- Ler um livro com você, ou você pode ajudá-lo a buscar um lugar tranquilo para ler.
- Assistir a um filme ou a vídeos engraçados com você; ver vídeos sobre a natureza ou outro gênero tranquilo de que seu filho goste.
- Escrever pensamentos e sentimentos em um diário ou caderno.

Essas são apenas sugestões e não precisam ser seguidas à risca. Não se trata de perfeição, e você não vai acertar todas as vezes. Quando uma dessas opções não funcionar, não significa que você falhou. Podem ser necessárias diversas tentativas; tentar e errar é parte da descoberta do que funciona para seu filho naquele momento em particular.

Ensinando emoções

Um primeiro passo importante para ajudar seu filho a se autorregular é ensiná-lo sobre as próprias emoções. O cérebro dele está fazendo conexões em um grande fluxo de desenvolvimento (fluxo demais, às vezes!) e ainda lhe falta muito para estar totalmente configurado; a capacidade de lidar com emoções e outras habilidades de regulação (por exemplo, manter a atenção, o foco e o controle dos impulsos) levam tempo para se formar completamente — até os 20 e poucos anos, não antes disso. O córtex pré-frontal, a área do cérebro que ajuda a lidar com as emoções, se desenvolve mais lentamente, o que significa que seu filho precisa de sua ajuda mais do que você imagina e, não raro, nos momentos em que menos espera.

Ainda assim, nem sempre é fácil ou intuitivo nominar as próprias emoções. Por quê? Porque emoções são complicadas, residem dentro de nós e são abstratas — não as vemos nem as tocamos fisicamente. Também tendemos a separar sentimentos em categorias binárias — alegria ou tristeza; raiva ou empolgação; ansiedade ou calma; medo ou coragem; solidão ou conexão; tranquilidade ou incômodo. Mas, na verdade, emoções raramente são uma coisa só.

Me lembro de quando eu estava tentando engravidar, anos atrás, e enfrentava alguma dificuldade. Eu tinha acabado de sofrer um aborto espontâneo e tentava engravidar novamente. Muitas das minhas amigas mais próximas estavam grávidas do primeiro ou segundo filho, enquanto eu ainda lutava para me tornar mãe. Quando ouvia as novidades delas, eu era inundada por uma mistura de sentimentos: feliz por elas, triste por mim, ciúmes, raiva porque não tinha conseguido engravidar (ainda). Já adulta, foi significativa para mim a constatação de que qualquer reação emocional pode ser complicada.

Então, como podemos ajudar nossos filhos a compreender algo tão crucial e tão difícil de entender? Da mesma forma que você provavelmente fez quando os seus ainda eram bebês de colo: rotulando as emoções sem nem pensar sobre elas — "Você ficou tão alegre!", "Está triste e sentindo falta da mamãe?", "Parece que alguma coisa está te deixando aborrecido". Fazemos isso para ajudar nossos filhos a começar a entender o que é aquela sensação interna desconhecida. Um componente central no programa para crianças que administro é rotular emoções para elas. O que vejo com o passar do tempo são crianças demonstrando maior compreensão do que estão sentindo e uma crescente capacidade de expressá-lo em palavras. É um processo que leva tempo e esforço repetitivo.

Todos os dias, observo crianças pequenas que de repente param o que estão fazendo, olham em volta e então demonstram a consciência de estarem frustradas (franzem a testa, por exemplo), ou seja, estão começando a entender o que estão sentindo. Talvez alguma outra criança pegou um brinquedo, ou não quisessem que a mãe ou o pai tivessem saído. Só naquele momento perceberam que um dos pais foi embora, mesmo que tenham se despedido dele mais cedo. Elas podem bater o pé ou dizer palavras que expressam sua raiva. Elas precisam de ajuda contínua dos adultos para compreender totalmente o que está acontecendo, e é o que fazemos quando narramos ou nomeamos suas emoções. Conforme ganham mais palavras para os sentimentos invisíveis (mas fortemente sentidos), sentem (e agem) com autoconfiança cada vez maior. Conhecer nossas emoções é ancorar.

Quando nós, adultos, usamos palavras para descrever emoções, também transmitimos a ideia de que aceitamos o que a criança está sentindo, esteja ela triste, com raiva, decepcionada, frustrada, assustada etc. Isso é importante para que a criança saiba que está bem mesmo quando está triste e que continuamos a seu lado, já que emoções negativas podem ser preocupantes.

Então, como você pode ajudar seu filho a nomear e entender suas emoções?

1. Comece nomeando os sentimentos conforme os presencia:
    - "Você parece tão animado! Vejo isso em seu sorrisão."
    - "Uau, aquela menina está chorando e batendo o pé. Ela deve estar muito zangada e aborrecida."
    - "Vejo que você está com raiva. Imagino que tenha sido por isso que se jogou no chão no parquinho."
    - Você também pode descrever os próprios sentimentos. "Fiquei muito frustrada hoje quando fui sair para

o trabalho e não encontrei minhas chaves! Procurei por toda parte. Mas então me lembrei de que minha amiga do trabalho tinha a chave da minha sala e ela me ajudou. Me senti muito melhor."

A mensagem implícita aqui é que ter essas emoções não é um problema e que você, como pai, pode lidar com todos os sentimentos da criança. Você também está sinalizando que ter sentimentos negativos é parte da vida: "Todo mundo fica zangado às vezes!".

2. Torne isso algo divertido e presente nas interações cotidianas:

- Uma cantiga simples sobre sentimentos, começando quando as crianças são pequenas — "Amo quando você está feliz; triste; com fome; zangado; gritando etc." —, pode ser cantada com seu filho. Cante junto com ele ou para ele, que pode adicionar novos sentimentos à música conforme os aprende.
- Um ritual divertido na hora das refeições sobre como todos estão se sentindo ajuda a criança a conectar as situações aos próprios sentimentos. "Alguém conta algo divertido que aconteceu hoje? Surpreendente? Animado? Irritante? Triste?" Ninguém é obrigado a responder, mas, quanto mais leve e mais divertido for o momento, mais a criança estará aberta a responder.
- Faça caretas divertidas com a criança ou escolha alguns emojis (veja a Figura 4.2). Em frente ao espelho, façam "caretas emotivas". Essa pode ser uma brincadeira divertida que ajudará a criança a se sentir confortável com diferentes emoções. Você pode começar com a testa franzida ou uma expressão zangada. Deixe seu filho imitá-lo, fazer as próprias caretas, ou adivinhar que emoção você está demonstrando.

FIGURA 4.2: Nomeie suas emoções usando emojis. Use este quadro para ajudar crianças mais novas a aprenderem a identificar seus sentimentos, escolhendo alguns emojis de cada vez. *Utilizado com permissão de Elizabeth Low.*

3. Torne as emoções mais tangíveis e reais para a criança com suas palavras e o retorno que você dá a ela. Normalmente, crianças, e até adultos, têm compreensão limitada do que e como se sentem quando aborrecidas. Eis algumas frases sobre emoções que ajudam a lembrar à criança sobre a natureza delas.
   - "Sentimentos mudam."
   - "Às vezes você está alegre; outra vezes está triste."
   - "Tudo bem se sentir assim."
   - "Estar tão chateado não parece legal agora. Sinta-se assim agora, mas vai passar."
   - "O que seu sentimento está tentando dizer?"
   - "Você pode estar triste/com raiva/chateado agora; mas isso não vai durar para sempre."

- "Todo mundo se sente mal às vezes; isso não significa que você seja uma pessoa má."
- "Todo mundo chora às vezes."

Considere as diferentes emoções a seguir e as nuances variadas que elas implicam:

LISTA DE EMOÇÕES

RAIVA	TRISTEZA	ANSIEDADE
Mal-humorado	Desapontado	Com medo
Frustrado	Triste	Estressado
Incomodado	Arrependido	Vulnerável
Defensivo	Deprimido	Confuso
Rancoroso	Paralisado	Desnorteado
Impaciente	Pessimista	Cético
Indignado	Choroso	Aflito
Ofendido	Desanimado	Ofendido
Irritado	Desiludido	Irritado

MÁGOA	VERGONHA	ALEGRIA
Enciumado	Isolado	Agradecido
Traído	Autoconsciente	Confiante
Isolado	Solitário	Confortável
Abalado	Inferior	Satisfeito
Privado	Culpado	Animado
Vitimizado	Envergonhado	Relaxado
Prejudicado	Repugnado	Aliviado
Atormentado	Patético	Exultante
Abandonado	Confuso	Confiante

FIGURA 4.3: Vá além do óbvio para identificar exatamente o que está sentindo. *Fonte: Susan David.*

Sentimentos são personificados

Também é importante ajudar a criança a "sentar" ou aprender a estar com seus sentimentos em vez de fazê-la achar que precisa se livrar deles. Normalmente queremos que a criança supere rapidamente quaisquer sentimentos negativos, em especial se nós mesmos nos sentimos pouco confortáveis vivenciando tais sentimentos ou deixando-a vivenciá-los. Transmitir a mensagem de que não tem problema estar triste significa permitir que a criança se sinta triste. "Você está com saudade da mamãe, está tudo bem. Quer se sentar comigo um pouquinho?" Uma vez que ela tenha um nome para a emoção, você pode ajudá-la a se conectar com o sentimento, pois essa é uma experiência somática, isto é, cujas emoções sentimos com o corpo, assim como é emocional e cognitiva.

Eis um rápido exercício com o objetivo de ajudar as crianças a se tornarem mais cientes e conectadas com suas emoções:

1. Ajude seu filho a tomar consciência do sentimento e denominá-lo. Pergunte o que ele está sentindo ou o rotule para ele.
2. Ensine-o a entrar em seu corpo e permitir que o sentimento esteja presente por completo (se sentar com o sentimento). Sugira que ele feche os olhos, preste atenção ao que está sentindo e faça uma análise do corpo, sintonizando-se com o ponto onde está o sentimento. Ajude-o a perceber as sensações do corpo, começando pela cabeça até a ponta dos dedos dos pés. Você pode orientá-lo a localizar aquele sentimento no corpo, seja um nó na garganta, frio na barriga, embrulho no estômago ou aperto no peito.
3. Peça a seu filho que observe o sentimento e a sensação que ele provoca.
4. Volte à mensagem principal de que, independentemente do que ele estiver sentindo ou quão ruim pareça, você está ali com ele:

"Mesmo que esteja (esteve) tão triste, chateado, com raiva, ainda o amo e sempre estarei com você".

Os sentimentos de seu filho são expressos no comportamento, desde retração e melancolia até explosões agressivas e acessos de raiva. Ensinar a criança sobre seus sentimentos também contribui para estabelecer as bases para o aprendizado de quais comportamentos são socialmente aceitáveis e quais não. Quando experimentam sentimentos negativos, algumas crianças os sentem com mais rapidez e agem fisicamente. Se uma criança joga um garfo e você reage dizendo "Você não pode jogar isso; se quiser jogar alguma coisa, aqui está uma bola", está ensinando a ela o que é aceitável fazer e o que não é. O mesmo tipo de redirecionamento funciona para outros comportamentos que resultam de sentimentos intensos, como bater e morder, o que também é típico de crianças pequenas e algumas um pouco mais velhas. Embora a agressão tenda a ser menos explícita conforme a criança cresce, pode se fazer presente em momentos de estresse para todas as idades. Independentemente da idade ou nível de desenvolvimento, a ideia não é envergonhá-la por sentir emoções negativas, mas fornecer uma saída sensata para demonstrá-las; é o que eu chamo de limite aceitável. Esses comportamentos negativos são impulsivos, o que significa que acontecem de maneira rápida e irracional em resposta à emoção, e a criança precisa de ajuda para direcionar melhor o impulso.

Fornecer alternativas definidas com clareza pode ajudá-la a canalizar comportamentos negativos; por exemplo, quando a criança precisa de um escape para o impulso, com um limite:

"Aqui tem uma cesta; jogue aquele brinquedo aqui."
"Bata seu pé no chão se está tão zangado!"
"Morder seu braço vai machucar você; melhor morder maçãs. Vamos pegar uma."

O mesmo vale para crianças mais velhas ou adolescentes:

"Soube quão chateado você está com seu amigo; em vez de chutar os móveis, chute uma bola lá fora."
"Tudo bem ficar com raiva, mas não é legal jogar suas coisas por aí. Talvez escrever em seu diário o ajude a se sentir melhor."

Ao redirecioná-lo e reconhecer o que ele está sentindo, tente incorporar um pouco de leveza ou humor, se for adequado ao momento; mantendo a situação tão leve e calma quanto possível, você favorece a regulação emocional de seu filho. Novamente, depende de você lidar com a própria reação para conseguir ajudá-lo. Pergunte a si mesmo se a explosão de seu filho é realmente uma crise ou se você pode se permitir certo relaxamento, o que ajudará a atenuar sua emoção ou explosão. Sua capacidade de se manter (razoavelmente) relaxado e calmo ajudará seu filho a conter os próprios sentimentos intensos.

Ao ajudá-lo a aprender a lidar com todos os sentimentos que estão na base desses comportamentos, tenha em mente que o objetivo não é se livrar das emoções. Elas são nossas aliadas, nos dão informações sobre nós mesmos, nosso mundo e nossos relacionamentos. O objetivo é manter as emoções dentro de uma "janela tolerável" ou uma faixa dentro da qual consigamos aceitá-las e usá-las. Haverá contextos na vida de seu filho em que as emoções permanecerão muito presentes (especialmente de luto ou algum problema social contínuo, como divórcio ou conflitos de amizade) e refletirão a dificuldade da situação. Saber que não estamos sozinhos nesses momentos é fundamental para fazer de nossas emoções uma fonte de resiliência, e não algo a ser ignorado, evitado ou negado.

Reconhecer e ajudar a administrar fatores de estresse

Outro papel importante da relação de apego entre pais e filho é ajudar a criança a aprender a lidar com os inevitáveis fatores de estresse que enfrenta na vida cotidiana e as emoções que os acompanham. Por "fatores de estresse", quero dizer qualquer ruptura na rotina — desde uma mudança repentina no ambiente da criança até uma doença física. Um fator de estresse é qualquer fator interno ou externo que tira a criança de seu equilíbrio. Estresse não é necessariamente algo ruim; é o que avisa nosso cérebro de que é preciso ligar o alerta, adaptar, crescer e aprender. O estresse eleva a atenção e pode aumentar o foco. Antes que as crianças aprendam a lidar sozinhas com o estresse, precisam confiar em nós para fortalecer seu sistema de reação a ele. Esse é o objetivo principal da regulação.

Como tem sido demonstrado em inúmeros estudos com roedores e mamíferos, até os 3 meses de idade, a resposta do filhote ao estresse (medida pelos níveis de cortisol, o hormônio do estresse) permanece relativamente baixa, o que pode parecer estranho, já que recém-nascidos, uma vez fora da segurança do útero, parecem ser mais vulneráveis a fatores externos de estresse. Seria de se presumir que os hormônios do estresse começariam em níveis mais altos, porém não é o caso. Esse "período hiper-responsivo" sugere que baixos níveis de cortisol refletem a presença dos pais e seu efeito calmante no sistema nervoso do recém-nascido, permitindo ao bebê ou ao filhote de rato uma janela para se apegar ao cuidador primário. Esse pai ajuda a criança a "modular a agitação emocional com vista ao funcionamento adaptativo" — essa é a maneira chique de descrever o processo — ou às habilidades relacionadas — a forma como aprendemos a lidar com o estresse e a regular as próprias emoções, em particular as negativas e intensas, como raiva, decepção e frustração.

Uma técnica que utilizo para ajudar pais a entender o significado dessa resposta ao estresse é lembrar-lhes o conceito biológico de homeostase. Todos os seres humanos (e animais) estão em um processo constante de permanecer em um estado fisiológico de equilíbrio, um dos pilares de nossa biologia. Equilíbrio é bom! Isso acontece sem que percebamos, pois é um processo controlado pelo sistema nervoso autônomo, parte do cérebro que está sempre ligada e funciona abaixo da consciência. A busca por equilíbrio e ancoragem funciona de diferentes formas para nos manter seguros e saudáveis. Qualquer fator de estresse que enfrentamos — seja falta de sono, um dia extremamente frio ou quente, fome ou sede, uma apresentação em público, uma ligação ou e-mail incômodos ou a morte de um animal de estimação — tira nosso sistema mente-corpo do equilíbrio. Como observam os pesquisadores, "atualmente define-se estresse, tanto o sistêmico quanto o local, como um estado de homeostase sendo desafiado".

Assim que nos deparamos com um fator de estresse, nosso mente-corpo toma rápidas decisões para enviar energia para onde é mais necessário, de modo a devolver o corpo à homeostase. O mente-corpo tem muitas maneiras para alcançar o equilíbrio e se autorregular, incluindo o sistema cardiovascular, o metabolismo, o sistema respiratório, o controle de temperatura e o equilíbrio osmótico (níveis certos de fluidos/sal para o funcionamento apropriado dos rins). Juntos, esses sistemas funcionam automaticamente, sem que nem pensemos neles. Embora essa seja uma maneira muito simplificada de explicar um sistema regulatório altamente complexo, é útil ter em mente que o objetivo do sistema de resposta ao estresse é ajudar a nos ajustar ao ambiente em constante mutação no qual vivemos, para que não fiquemos em um estado crônico de alerta máximo, vigilância ou ansiedade, pelo menos diante de situações cotidianas normais. Como outros aspectos da homeostase, o sistema de resposta ao estresse é essencialmente um mecanismo regulatório que garante nossa segurança, nossa sobrevivência e nosso bem-estar físico e emocional no geral. Quanto mais ágeis formos em acalmar nosso mente-corpo após uma experiência estressante, mais aptos estaremos para lidar com as emoções no geral.

Contudo, nem todo estresse é ruim para nós; existe também o conceito de estresse bom, que os pesquisadores chamam de "eustresse". Esse tipo de estresse de baixo nível é essencial para o bem-estar porque ajuda o sistema mente-corpo a praticar a resposta ao estresse em momentos menos intensos e menos ameaçadores. Pense nisso como desenvolver um músculo; gradualmente, com exercícios e fortalecimento contínuos, e sem treino excessivo, o músculo vai ficando mais forte. Exposições "curtas" ao estresse podem ser benéficas, diz a neurocientista de desenvolvimento da Universidade de Nova York Regina Sullivan, já que o estresse fornece ao corpo a capacidade de praticar respostas. Estresse também pode ser motivador e até mesmo estimulante — aquele "nervosismo bom" que nos mantém focados e atentos, como ao nos preparar para dar uma grande palestra ou fazer uma prova para a qual nos sentimos prontos. O sistema para lidar com o estresse precisa de treino, e o "estresse bom" permite isso.

Imagine uma criança pequena que não tem se alimentado bem há dias por causa de uma gripe e que, quando chega ao novo e desconhecido apartamento da vovó, desaba em lágrimas (embora ela ame encontrar a vovó).

Pense em uma criança exausta que não consegue se acalmar independentemente do que você faça, mas continua insistindo "Não me deixe sozinha!".

Considere um aluno estressado que, preparando-se para uma grande prova, não dorme mais do que cinco horas por noite há mais de uma semana e só tem comido bobagens. Na véspera da prova, ele está tão sensível que qualquer comentário é interpretado como crítica e ele reage de maneira defensiva, independentemente do que você diga.

A falta de sono, de alimento ou de líquido, bem como quebras na rotina — em especial para crianças mais novas —, causa desequilíbrio no corpo, e, no geral, esses fatores físicos de estresse têm repercussões emocionais e provocam colapsos. Esses exemplos mostram que fatores de estresse ambientais afetam o equilíbrio, nos deixando desequilibrados; estar desequilibrado também mexe com as emoções.

Para muito além do delicado período da infância, em que a ligação inicial está sendo estabelecida primariamente por meio do cuidado amoroso do relacionamento de apego entre pais e filho, a criança continua a crescer e se desenvolver no contexto de seu ambiente, que não inclui apenas o ambiente físico — a casa, a escola, o acesso à alimentação, a segurança do bairro. De fato, o ambiente é mais profundo e abrange os relacionamentos, as rotinas e os ritmos do dia, assim como as reações que as próprias crianças e os outros têm a momentos negativos e desafiadores.

Quando ocorrem fatores de estresse no ambiente, sejam momentâneos, recorrentes ou crônicos, os elementos ambientais e relacionais assumem elevada importância. Por exemplo, viver com dificuldades financeiras ou em uma casa em crise adicionará fatores de estresse à vida da criança e, no entanto, um relacionamento amoroso, com cuidado e apoio, pode atuar como amortecedor para ajudar a protegê-la contra determinados impactos negativos. A questão é que o ambiente no qual a criança vive desempenha papel importante no desenvolvimento de sua capacidade de regular e gerir o estresse; o ambiente dela é constituído por muitas partes, e no centro dele está o relacionamento com você.

Cada um de nós — adultos e crianças — certamente enfrentará fatores de estresse na vida cotidiana. Eles podem ser pequenos ou grandes, irrelevantes ou importantes. Seja como for, no momento em que ocorrem, fatores de estresse desestabilizam tanto uma criança quanto nós. Ensinar a criança que ela tem a capacidade de lidar com os fatores de estresse a levará a internalizar um sentido de arbítrio e lhe dará a sensação de controle sobre a própria experiência, um alicerce indispensável para a resiliência. Um primeiro passo fundamental para ajudar seu filho a se tornar resiliente ao estresse é ensiná-lo a reconhecer a fonte do estresse.

O que pode provocar seu filho? Em qualquer dia, há muitos aspectos que podem atuar como fatores de estresse que aborreçam ou provoquem seu filho, entre os quais:

FATORES DE ESTRESSE COTIDIANOS

- A roupa que ele quer usar está lavando;
- Sentir fome;
- Saudade de um dos pais, que está viajando;
- Cair e se machucar;
- Perder o ônibus da escola;
- Estar atrasado para a escola, treino ou ensaio musical;
- Uma prova de matemática ou apresentação escolar;
- Ir para a escola todos os dias;
- Não estar seguro quanto a um trabalho escolar;
- Começar a frequentar um novo ambiente: escola/acampamento/ trabalho;
- Ausência de um professor; novo professor;
- Briga com um irmão ou amigo;
- Ser escolhido por último para o time.

FATORES DE ESTRESSE MAIORES

- Mudança de casa ou cidade;
- Mudança de escola;
- Seleção para um novo time esportivo, orquestra ou peça comunitária;
- Nascimento de um irmão;
- Separação ou divórcio;
- Rejeição/*bullying* de colegas;
- Excesso de atividades/muita coisa acontecendo ao mesmo tempo;
- Dificuldades ou fracassos escolares contínuos;
- Acidentes ou ferimentos sérios;
- Precisar ser atendido em um serviço de emergência hospitalar;
- Doença da criança;

- Doença de um adulto;
- Morte de um parente;
- Morte de um animal de estimação.

FATORES DE ESTRESSE CRÔNICOS E POTENCIALMENTE TRAUMÁTICOS

- Problemas financeiros e perdas;
- Viver em pobreza, estresse financeiro ou circunstâncias instáveis;
- Morte de um dos pais ou ente querido;
- Fome ou alimentação insuficiente;
- Falta de acesso a cuidados médicos ou medicamentos;
- Abuso emocional, verbal, físico ou sexual;
- Violência doméstica;
- Violência na comunidade;
- Ausência prolongada de um dos pais (doença, prisão, divórcio);
- Grande ruptura ou realocação devido a desastres naturais/emergências climáticas, violência política ou guerra;
- Acidentes sérios;
- Doença séria ou crônica; hospitalização.

Embora normalmente vejamos crianças pequenas como mais despreocupadas do que adultos, subestimamos os muitos momentos estressantes que até mesmo as mais novas testemunham ou enfrentam. É nessas horas que se abre uma janela de oportunidade para o aprendizado delas. Perceba esses momentos estressantes e aproveite-os. Podemos rir de Will, de 3 anos, que grita porque seu sanduíche foi cortado "errado" (ele queria cortado na metade, mas seu pai cortou em quatro partes), mas, quando a sua idealização da próxima refeição não se cumpre, é um estresse real para essa criança. Uma tragédia? Não. Estressante para a criança? Sim. Quando o pai de Will se desculpa, reconhece que cometeu um erro e garante que da próxima vez cortará do jeito "certo", Will pode, por fim, se acalmar e conter a explosão emocional.

Quando Zendaya chega da escola indignada com um conflito com uma amiga e o pai consegue não culpar a amiga (que normalmente instiga esses conflitos), isso lhe permite identificar o sentimento de perturbação da filha, ouvir seu desabafo e então, se Zendaya se mostrar aberta, se oferecer para criar estratégias para que ela interaja com essa amiga.

Deixar as crianças e os adolescentes desabafarem sobre o que deu errado durante o dia, em especial após um longo período na escola, dá a eles a oportunidade de descarregar o estresse e os infortúnios diários. Ser ouvidos sem julgamentos ou mesmo comentários é o que eles precisam — uma espécie de relaxamento pós-escola com a pessoa em quem mais confiam. Isso permite que sua criança ou seu adolescente se reagrupe e se sinta ancorado novamente. Eles podem desabafar e reclamar com irritação e, no momento seguinte, sentir-se felizes: descartar as partes ruins pode liberar o resto. Às vezes, você terá que se controlar para não dar conselhos ou ser o solucionador de problemas e se manter apenas no modo ouvinte. Se você conseguir fazer isso, seu filho se abrirá ainda mais. Nem sempre percebemos que o que nossos filhos mais querem é ter um ouvinte confiável.

Para muitas crianças, a volta da escola após um dia cheio é estressante. Eis um exemplo: Sadie, de 8 anos, está levando a mãe ao limite porque nunca relata nada de bom quando sai da escola. Sua mãe, Tatiana, reclama que encontrar a filha depois da escola é como a erupção de um vulcão. "Tudo o que ela faz é reclamar, sobre os professores, o recreio, o dever de casa, pode escolher! Parece que não há nada de bom em sua vida."

Eu lhe sugeri que, em vez de esperar alegria na hora de buscá-la na escola após um longo dia, desse permissão a Sadie para ter dez minutos de reclamação, porque ela precisa desabafar sobre o estresse do dia. Também encorajei Tatiana a ser respeitosa, mas não levar tão a sério as palavras da filha; não, a vida dela não era terrível, mas ela precisava reclamar. "Diga que você quer ouvir tudo, incluindo as partes ruins do dia."

Com essa mudança, Sadie passou a ter um momento de reclamação enquanto caminhava para casa e o apreciava. Suas expressões sobre tudo o que tinha dado errado no dia eram dramáticas. Parecia que só tinha passado por coisas ruins, o que a mãe sabia não ser verdade. Porém, depois de um tempo se livrando das coisas ruins, ela se dava por satisfeita e parava. As duas se reconectavam. Após algum tempo nessa nova rotina de contar tudo, que a deixava se concentrar nas partes ruins do dia, Sadie começou a perguntar à mãe: "Seu dia foi bom hoje?".

Esse "se voltar para a mãe" espontâneo resultou de ser e sentir-se plenamente ouvida, mesmo quanto às partes negativas. Já para Tatiana, o resultado foi não ficar mais irritada com as sessões de desabafo pós-escola.

Momentos como esses captam a essência do modo como a criança aprende a lidar com suas emoções e fazem parte do processo de aprendizado para regular estados interiores sentidos com intensidade. À medida que as crianças ficam mais velhas, os pais podem orientá-las a refletir sobre suas experiências passadas como forma de ajudá-las a conhecer os próprios processos crescentes de regulação. "Lembra a última vez que ficou chateada com o que sua amiga fez? Você resolveu conversar com ela e, no dia seguinte, conseguiram fazer o trabalho na aula de matemática juntas." Lembretes como esse dão confiança, uma vez que recordam à criança como ela lidou anteriormente com uma situação semelhante. Seu filho aprende a lidar com as próprias respostas dali em diante e a tratar os outros com respeito e cuidado. Se você fornece o exemplo, com o tempo ele o imita.

Todos conseguimos nos lembrar de uma infinidade de maneiras pelas quais o comportamento das crianças testa nossa paciência e, ainda assim, o que é importante reconhecer é o teor emocional e o contexto por trás do comportamento delas. São estes, mais do que o comportamento em si, que provocam reações — quer percebamos nosso filho como rude e desrespeitoso, aborrecido "sem motivo" ou exageradamente reativo ao que consideramos situações sem importância. Na verdade, emoções são um combustível poderoso para todos os tipos de comportamento — bons e ruins. Ajudar a criança a ter consciência de sua ampla gama de sentimentos é fundamental para ajudá-la a aprender a se autorregular, o processo pelo qual ela aprende gradualmente a entender e então gerir as emoções, bem como se ajustar a mudanças, decepções, perdas ou qualquer tipo de interrupção no *status quo* (por exemplo, seu equilíbrio). Mais uma vez, quando o equilíbrio está desestabilizado, recuperar a estabilidade é o que volta a promover a sensação de segurança. É a partir de um lugar de segurança que qualquer um de nós pode ser sua melhor versão. Então, quanto mais rápido e facilmente a criança recuperar o equilíbrio interno, mais eficientes se tornarão suas competências autorregulatórias e melhor será sua capacidade de lidar com as emoções.

No nível mais básico, ajudar nossos filhos a aprender a se autorregular é ensiná-los que emoções não são erradas ou ruins; emoções são informações sobre como estamos reagindo a uma situação ou pessoa em nosso ambiente. Quando crianças aprendem a rotular e considerar seus sentimentos, todos eles, independentemente do quão negativos sejam, estão dando um passo ENORME no aprendizado de como se adaptar e se autoadministrar no mundo.

Você conta

Ajudar nossos filhos e ajudar a nós mesmos são coisas que caminham lado a lado. Como mencionei, estamos programados para lidar com o estresse e proteger nossos filhos contra ele. É claro que, como âncora e recipiente, precisamos estar cientes de nossos próprios estados de tensão e explosão emocional, pois é isso que nossos filhos absorvem, sentem e, por fim, é a isso que reagem. Então, quando nosso corpo se contrai, nossos ombros se tensionam, nosso coração bate mais forte, nossa fala fica mais rápida e alta e nossas emoções se intensificam com picos de ansiedade, torna-se mais desafiador ajudar a acalmar e corregular uma criança aborrecida, quanto mais um adolescente. Em momentos de muito estresse, nosso primeiro objetivo é baixar a tensão — primeiro a nossa, depois a de nosso filho. E nem preciso dizer que, quanto melhor você conhecer a si mesmo e dominar técnicas para lidar com a própria preocupação, raiva, frustração, irritação ou ansiedade, melhor será como apoio, instrutor emocional e amortecedor para seu filho.

Ao mesmo tempo, conhecer seu filho também ajudará você a entender melhor as próprias respostas e reações. Recomendo que seja honesto consigo mesmo e não se envergonhe da maneira como se sente ou reage a seu filho nesses momentos, mas que use essa informação para mudar para uma conexão mais positiva, que é o que todos nós, pais, queremos. Quanto mais capaz você for de conhecer e entender quem seu filho é (algo que você nem sempre entenderá), mais capaz será de ajudá-lo a crescer e adquirir habilidades para lidar com a vida. É igualmente importante ter em mente que a regulação em si é um processo de crescimento contínuo e dinâmico, no qual as crianças, bem como os adultos, continuarão a se desenvolver à medida que ganham experiência na vida, interagem com colegas e outros adultos e enfrentam mudanças e fatores de estresse em seu ambiente. O lado bom é que, como pai, você tem a oportunidade única de orientar seus filhos nesse processo de regulação emocional, para que as emoções não atrapalhem, ou, pelo menos, não com muita frequência.

Quando me encontro pessoalmente com pais, abro meus braços em um círculo para mostrar que, no início da vida, são eles que envolvem a criança, contendo-a de modo a ensiná-la a se regular. Então, conforme a criança amadurece e adquire competências para se autorregular, o parental abre gradualmente os braços e recua aos poucos, orientando-a a distância no processo. O objetivo é manter com nossos filhos um relacionamento centrado e ancorado ao longo da vida deles. Não é uma forma perfeita ou exata de ser, e seu estilo de relacionamento será único para você e para seu filho. Em última análise, quando as crianças aprendem a regular as experiências emocionais, também aprendem a lidar com os próprios comportamentos devido ao aumento da autoconsciência e do arbítrio.

Como adultos, reagimos — às vezes de maneira forte e negativa — às explosões de nossos filhos. Tente não ser duro consigo mesmo se reagir assim; somos humanos, e as emoções impulsionam nossas conexões. Emoções negativas intensas são barulhentas, e pode ser desafiador reagir de forma estável a uma criança ou adolescente emocionalmente explosivo, isto é, justamente quando eles precisam que permaneçamos estáveis. Nosso próprio desafio é encontrar um jeito de fazer isso; é preciso refletir sobre o motivo por que reagimos dessa forma e treinar.

Uma técnica que sugiro aos pais é usar mantras para se manter centrado. Funcionou para mim enquanto criava três filhos, cada um com um temperamento, cada um com seu jeito único. São frases que rapidamente vêm à mente e lembram a você que: "Sou o adulto" e "Posso lidar com isso". Elas o ajudam a se manter centrado, podem aliviar a situação para você (até trazer um pouco de humor) e lhe permitem se envolver com seu filho chateado de formas mais saudáveis e estáveis, de modo que você seja seu recipiente, aquele que pode conter suas emoções intensas. Isso também fornece a seu filho um exemplo de como tratar as pessoas. Seu filho vivencia sua capacidade de se manter (na maior parte das vezes) calmo com ele, mesmo em seus momentos mais perturbados, e ainda aprende a ser assim com outros.

Abaixo, estão alguns mantras que recomendo, mas o incentivo a criar frases que funcionem para VOCÊ. Diferentes mantras funcionarão melhor a depender do filho ao qual você está respondendo e de como você está se sentindo no momento:

"Ela é só uma garotinha."/"Ele ainda é tão pequeno."
"Eles não serão pequenos para sempre."
"Isso, como todo o restante, vai passar."
"Eu sou o adulto na sala. Seja o adulto."
"Não é pessoal; ele está apenas chateado."

"Ela não tem a intenção de fazer mal."
"Não posso levar isso para o lado pessoal."
"Verdade ou não, ele precisa de mim."
"Ela está fazendo o melhor que pode."

QUESTÕES PARA REFLEXÃO

O que nos impede de manter a calma nesses momentos de agitação emocional? Tem a ver com o que trazemos de nosso passado para a parentalidade. Para ajudar seu filho a aprender a se acalmar e recuperar o equilíbrio emocional, é imperativo que você esteja ciente dos próprios fatores de estresse, dos gatilhos emocionais e de como age quando está chateado.

Quanto mais entende a si mesmo — um processo que leva tempo —, mais capaz você será de ajudar seu filho. Eis algumas perguntas que pode se fazer para entender melhor suas reações. Com o tempo e com a compreensão cada vez maior, você vai passar a reagir de formas diferentes a seu filho.

- Qual é a sensação de permitir que seu filho fique chateado? O que vem a sua mente?
- Seu corpo fica tenso quando seu filho fica chateado? Se sim, onde sente a tensão?
- Quando isso costuma ocorrer?
- Alguma vez você culpou outra pessoa, como seu companheiro, marido/esposa ou os próprios pais, por alguma coisa negativa que ocorreu?
- De quem seu filho faz você se lembrar quando está intensamente chateado ou quando desafia você de alguma forma?
- Pense em como seus pais reagiam a você: quem o consolava quando você era criança? Quem dizia que tudo ficaria bem?
- Quando você era criança, sentia-se envergonhado ou ridicularizado por seus sentimentos? Como se sentia com isso?

- Consegue se lembrar de um momento em que estava chateado e se sentiu cuidado de forma positiva? Do que se lembra?
- Alguma vez se sentiu culpado por coisas ruins que aconteceram? Alguém disse a você que estava sendo ruim? Gritou com você ou o castigou? Foi provocado ou menosprezado por seus pais ou outros adultos?
- Você gostaria que algo tivesse sido diferente quando ficava chateado durante a infância? O que gostaria que seus pais tivessem feito?

5

A trilha da liberdade

Terceiro pilar: desenvolver arbítrio

Quando a criança internaliza a sensação de segurança e começa a se autorregular, está preparada para embarcar em outro importante marco do desenvolvimento: a separação. Separar-se dos pais permite à criança se tornar ela mesma — se individualizar, ficar cada vez mais independente e desenvolver um sentido autêntico de identidade, pré--requisitos para desenvolver arbítrio. Com o arbítrio, vem a motivação e a consciência das próprias competências, e esse sentimento de controle sobre si e sua vida é o que alimenta o desejo da criança de explorar o mundo ao redor, investigar suas curiosidades e se testar. Uma vez mais, a confiança dela no relacionamento de vocês atua como base para esse desenvolvimento; agindo como âncora e recipiente de maneira contínua, você permite a seu filho se separar de forma saudável e desenvolver o sentido de arbítrio, o terceiro pilar da resiliência. O arbítrio é um elemento-chave da resiliência porque promove autoconfiança e motivação. Um estudo de 2015 intitulado "The Influence of Teaching Beyond Standardized Test Scores" identificou o arbítrio como fator fundamental para a motivação e o sucesso das crianças, mais do que os resultados de testes padronizados. O estudo define arbítrio como "a capacidade e propensão para tomar iniciativas com propósito — o oposto de desamparo. Jovens com níveis altos de arbítrio [...] tendem a buscar significado e agir com propósito para alcançar as condições que desejam em sua vida e na vida dos outros". Arbítrio é o que impulsiona crianças pela vida.

Pais que, mesmo sem querer, dificultam o processo de separação ao não distinguir entre as necessidades aparentemente opostas da criança de autonomia e de proximidade prejudicam a capacidade dela de desenvolver o arbítrio necessário para cometer erros e aprender com eles, de sair para o mundo e se testar como pessoa e de se relacionar com outros nos próprios termos. Para conseguir se separar com sucesso, a criança precisa se sentir segura o suficiente em seus relacionamentos primários, sabendo que pode confiar que você continuará a ser sua base de segurança e estará disponível quando necessário, enquanto ela se apronta para embarcar em uma jornada longa e gradual rumo à independência e se tornar um adulto habilidoso e bem ajustado. A maioria das crianças é intrinsecamente motivada a dar os passos para se separar do casulo de segurança proporcionado pelos pais, porém sair dessa zona de conforto, mesmo que um pouquinho, é assustador e confuso, motivo pelo qual o processo de separação não é linear nem direto; acontece ao longo da infância e aos trancos e barrancos. Primeiro, a criança começa a afastar os pais e, ao mesmo tempo, se aproximar deles sempre que precisa de um ponto de contato ou um momento de conforto, ou quando sente medo ou instabilidade, que é o que acontece em tempos de incerteza. A volta para a escola após as férias sempre traz à tona incertezas; participar de uma viagem da equipe esportiva traz à tona incertezas; uma grande tempestade que inunda o porão da casa também. Cada vez que seu filho demonstra independência — seja indo sozinho até o mercado próximo comprar pão ou leite, ficando sozinho em casa à noite pois você saiu, indo sozinho de bicicleta para a casa de um amigo que mora a algumas quadras, fazendo uma lista de compras ou assando um bolo sozinho pela primeira vez —, ele pode retroceder e pedir que você se sente ao lado dele na hora de dormir ou agir de maneira atípica. Por mais que crianças e adolescentes desejem liberdade, também precisam da sua presença. Na jornada para uma maior independência, é comum dar dois passos para a frente e um para trás.

Voltemos à imagem da corda entre você e seu filho. Algumas vezes, a corda é segurada com força por você ou por seu filho, outras vezes ela fica mais solta, dependendo das necessidades dele em qualquer estágio de desenvolvimento. A tensão da corda representa o vínculo entre vocês. Ela estará sempre presente, permitindo que vocês permaneçam juntos ao longo do tempo na jornada de separação e independência.

Adolescentes e jovens adultos ainda estão envolvidos em um processo relacionado à separação, embora seus sinais sejam diferentes: seu filho de 16 anos pode gritar e vociferar: "Me deixe em paz!" ou "Saia do meu quarto!". Seu filho universitário pode atacar: "Não preciso de você, saia de perto". Embora essas exclamações reflitam o desejo por autonomia e privacidade em determinado momento, adultos em desenvolvimento também querem que você esteja presente, suficientemente próximo, sempre que precisarem, mesmo que não seja naquela hora. Em outras palavras, a corda fica mais longa e mais solta, representando tanto sua confiança neles quanto a crescente capacidade deles de estarem sozinhos, mas ela ainda está lá, conectando vocês, com variações na tensão que refletem as necessidades de seu filho. Sem dúvida, pode ser algo confuso.

Para os pais, incentivar e apoiar a separação significa estabelecer expectativas claras, oferecer limites apropriados a cada idade juntamente com liberdade e flexibilidade, evitar o controle ou o comportamento superprotetor, dar consequências razoáveis e ajudar os filhos a praticar as competências de funções executivas, isto é, que embasam o comportamento orientado a objetivos — tudo isso, as crianças vivenciam dentro do recipiente e da âncora do relacionamento com você. Se soa complicado, não precisa ser assim na prática. Quanto mais forte e seguro for o relacionamento entre pai e filho, mais sólida será a base para a criança sair e descobrir o mundo.

Estabelecendo expectativas e limites

Explorar o mundo passa por experimentar novas tarefas e experiências, assumir riscos e cometer erros — aspectos vitais do aprendizado da criança sobre como funciona o mundo e como ela se move nele. Faz parte de conhecer a si mesmo, onde se integra, do que gosta ou não. Mas, em qualquer idade, para se aventurar e avançar novos passos (desde começar na pré-escola até o primeiro evento social do ensino médio), a criança precisa de limites e barreiras de modo a lembrar que você está presente e próximo para ajudar caso ela caia, vacile ou falhe. Na primeira infância, esses limites são explícitos; crianças pequenas dependem de você dizer chega, estejam elas andando de patinete ou lançando comida ou brinquedos. Na verdade, o período entre os 2 e 5 anos é marcado pelo teste de seu nível de controle, em que a criança verifica se você leva a sério os limites — os limites seguros que você proporciona. Dar limites à criança permite que ela desenvolva arbítrio. Quando pais estabelecem limites sensatos em qualquer idade, as crianças se sentem seguras para assumir riscos e tentar entender por si como as coisas funcionam. Tais limites podem soar assim:

> "Na hora do jantar, sentamos, conversamos e comemos; sem brinquedos ou aparelhos na mesa."
> "Você pode jogar bola no campinho, mas não em outra pessoa."
> "Você está chateado, mas suas palavras não foram legais; tente pedir de outra forma."

Sua criança ou adolescente pode agir como se quisesse estar totalmente no controle, mas se sente mais seguro e calmo quando se move dentro dos limites das regras sensatas estabelecidas por um cuidador amoroso.

Um grande conjunto de estudos investiga os padrões gerais de parentalidade que ajudam as crianças a se tornarem adultos responsáveis e bem-sucedidos. O que aprendemos com esses estudos nos diz muito sobre a importância dos limites. As descobertas de décadas de estudos apontam para qualidades específicas no relacionamento entre pai e filho que mais ajudam a criança a aprender sobre si mesma e desenvolver um sentido de arbítrio. Tais interações envolvem estabelecer limites sensatos em uma abordagem rotulada como autoritativa, descrita pela primeira vez em estudos longitudinais inovadores feitos pela psicóloga e pesquisadora Diana Baumrind, da Universidade da Califórnia em Berkeley, os quais tiveram início nos anos 1970. Estudando um grupo de famílias e observando de perto suas interações ao longo do tempo, assim como os resultados do desenvolvimento de seus filhos, Baumrind partiu das descobertas para identificar um estilo de parentalidade que é uma combinação de interações responsivas e calorosas com estrutura claramente definida, limites sensatos e apropriados à idade, além de expectativas articuladas para a criança de maneira clara. Esse estilo de parentalidade tem sido pesquisado e validado repetidas vezes pelo mundo e em milhares de estudos nos últimos cinquenta anos — e é na verdade bem simples em seus pressupostos. O estilo autoritativo se fundamenta em pais que são responsivos e sintonizados de modo a proporcionar espaço suficiente para a criança desenvolver autonomia, e anda de mãos dadas com o conceito de desenvolver um relacionamento que forneça tanto um recipiente quanto uma âncora. Essa forma de interação incentiva pais a se conectarem com carinho e sensibilidade ao mesmo tempo que sinalizam que estão no controle, não de forma severa, mas sensata, e que protegerão e orientarão a criança, não de forma rígida, mas alinhada com as necessidades dela. Isso permite à criança se sentir segura em sua exploração. Anos de pesquisa mostram que esse estilo de parentalidade ajuda crianças a se manterem:

- confiantes e satisfeitas consigo mesmas;
- capazes de assumir responsabilidades e tomar decisões acertadas;
- fortes em solucionar problemas e no desempenho acadêmico durante o ensino médio e a faculdade;

- confiantes em si mesmas e cientes das necessidades dos outros;
- capazes de lidar com os altos e baixos emocionais, o que permite a elas terem competências sociais fortes e se relacionar bem com seus colegas.

FIGURA 5.1: Comunidade sustentável. *Utilizado com permissão de Graeme Stuart.*

Oferecer limites com liberdade incentiva as crianças a explorar, confiar em si mesmas, sentir-se seguras no mundo a partir de expectativas claras e estar motivadas a aprender. Frequentemente penso em uma história compartilhada por um colega: Ildiko cresceu na Europa Oriental sob uma ditadura e não foi criada com esse equilíbrio de limites e liberdade, mas sim com uma abordagem autoritária muito mais rigorosa em relação ao comportamento. Ela disse:

> Quando eu era pequena, os adultos davam um triciclo às crianças, desenhavam uma linha reta e mostravam como pedalar do ponto A ao ponto B, como se houvesse apenas um caminho. E a criança

devia fazer apenas isso. Eles chamavam isso de aprendizado. Mas agora sei que não é assim, mostrando apenas do ponto A ao B, que se motiva crianças a aprender e pensar. Em vez disso, você dá o triciclo à criança e cria um espaço seguro, com bordas ou uma cerca no entorno, guarda-corpos, um local seguro com muito espaço para pedalar. Então você deixa a criança ir. A criança aprende a pedalar o triciclo, aonde ir e fazer o próprio caminho.

O que a história de Ildiko ilustra é a ideia de que crianças precisam de guarda-corpos, saber onde estão os limites, mas, dentro deles, ter liberdade para se mover e entender como manobrar. Crianças precisam de estrutura, mas precisam também de espaço para ter experiências e tentar por si só. É isso o que motiva crianças a tentar novas ideias, a criar soluções, a praticar e dominar habilidades e a pensar por si mesmas. Criatividade e curiosidade têm espaço para aflorar, e ambas impulsionam o aprendizado; a curiosidade é o desejo de descobrir as coisas e a alegria é o prazer de descobri-las.

As crianças também precisam ter uma compreensão clara de suas expectativas, que orientarão sua conduta em uma variedade de situações, juntamente com suas opiniões e comentários. Esses comentários funcionam melhor quando não são duros ou rígidos, mas de apoio. Quando pensar sobre os tipos de limites e expectativas que quer incorporar em sua família, considere dar espaço a seus filhos para pensar por si mesmos, mas com orientação suficiente para que saibam o básico do que é esperado. Tenha em mente estas dicas:

- Ao estabelecer um limite, use uma linguagem que a criança possa entender. "É hora de fazer o dever de casa" é mais claro do que "Quer fazer seu dever de casa?". Veja outros exemplos: "Quando você joga comida, significa que acabou o jantar; vejo que você acabou"; "Queria que a gente pudesse ler mais livros, mas vamos deixar esses para amanhã. Agora é hora de dar boa-noite". Você pode ser assertivo e claro sem ser autoritário.

- Seja explícito. Limites são regras de engajamento. Seu objetivo é comunicar orientações sobre como se comportar em determinada situação. Crianças, independentemente da idade, podem não saber o que devem fazer, em especial em situações novas, mas também nas recorrentes; separar um tempo para explicar as ajuda a entender as diferentes expectativas sobre como se comportar em diversas circunstâncias e contextos. "No restaurante, teremos que esperar um pouco pela comida, você pode ficar sentado e desenhar ou brincar com seus carrinhos. Devemos ficar na mesa"; "Quando chegarmos ao parque de diversões, você e seu amigo podem ficar brincando até as 15 horas. Vamos nos encontrar no portão de saída às 15 horas em ponto. Se houver alguma mudança, vou mandar mensagem, então preste atenção ao celular".

- Tenha certeza de que foi compreendido. Seu filho entende o que você está pedindo? Se o horário estabelecido para sua filha de 14 anos estar em casa é 23 horas, ela sabe que 23 horas não significa 23h15 e que deve acordá-lo para avisar que chegou?

- Se seu filho tem problemas para ouvir ou seguir suas expectativas, ou se parece determinado a extrapolar os limites, faça uma pausa e reflita sobre o que pode o estar incomodando, distraindo ou assustando, ou se ele está buscando mais independência. Ele está testando os limites para descobrir quanto controle tem? Está precisando de mais tempo com você? Tem alguma coisa acontecendo com seus amigos, ou existem fatores de estresse na escola, como a proximidade das avaliações finais? Ele está pedindo mais responsabilidade e independência?

- Seja flexível quando possível. Ofereça opções limitadas (como regra geral, duas): "Posso pegar você às 17 horas ou você pode voltar para casa a pé com seu irmão um pouco mais tarde";

"Quer usar tênis ou bota?". Crianças ficam mais motivadas quando sentem que podem opinar sobre o assunto, o que também desenvolve autonomia.

Estabelecer limites e cumpri-los nem sempre é fácil. Tenha em mente dois fatores: 1) aquilo que está tentando ensinar a seu filho dentro de algum limite ou expectativa e 2) que, no geral, esse conjunto de proteções ajuda seu filho a aprender a se organizar, o que é um passo importante para aprender a se regular. Às vezes achamos que liberdade se traduz em possibilidades ilimitadas, e não é esse o caso. Opções ilimitadas seriam avassaladoras para uma criança, e é menos provável que ela se sinta motivada ou alcance um objetivo se não existirem restrições. Também é importante lembrar a si mesmo que você está no controle, e que isso significa estabelecer limites. Também tenha em mente que você consegue, mesmo que seu filho tente se opor.

No caso de crianças mais velhas, pode ser útil conversar e chegar a um acordo sobre as expectativas, o que pode incluir um tipo de contrato escrito desenvolvido em conjunto por vocês e que utilizam para navegar pelas situações em que as regras acordadas não forem seguidas ou em que surgirem conflitos. Para chegar a esses acordos, pode ser necessária uma negociação saudável — o que é bom. Negociação e compromisso são habilidades para a vida de seu filho, desde que você os mantenha dentro dos limites. (Veja o Capítulo 6 para saber mais sobre o papel das negociações saudáveis.) Envolver os filhos em tais discussões também mostra seu respeito pela opinião deles, ainda que você não concorde. Ao abordar tais discussões, pense nelas como conversas e não sermões. A maioria das pessoas não recebe bem sermões e cria uma resistência desde o início, dada sua natureza de cima para baixo e unilateral. Em vez disso, estabeleça debates e deixe claro seu argumento. Por exemplo, você pode dizer: "Voltar para casa sozinha àquela hora, na minha opinião, não é seguro; vamos pensar em outras opções para seu retorno para casa". Ao mesmo tempo, você escuta com sinceridade e abre espaço para participação.

Também recomendo que seja o mais concreto possível e explique de maneira resumida o que está pensando, esclarecendo proativamente as possíveis consequências se os limites não forem mantidos. Se o horário combinado para chegar em casa não for respeitado, a consequência deve ser colocada em prática. Um dos meus filhos, que ultrapassava os limites muitas vezes, comentou quando estava no ensino médio:

> Mãe, descobri por que você me dá tanta liberdade. Nós confiamos um no outro. Quando você me pede que entre em contato à meia-noite para dizer onde estou, eu faço isso. Quando combinamos um horário para eu chegar em casa, mesmo tarde, eu chego. Mas percebi que, se não seguir as regras que combinamos, estarei traindo sua confiança. Provavelmente você vai se tornar mais rígida e me fazer chegar mais cedo em casa. Agora entendo: não é a hora de chegar em casa que mais importa, é sobre confiança.

Ele estava certo. As regras combinadas, a hora para chegar em casa e demais limites para crianças e adolescentes estão relacionados a confiança, uma base indispensável ao nosso relacionamento. Confiança é o que é construído ou rompido dentro do recipiente do relacionamento. Afinal, em breve eles sairão sozinhos pelo mundo, de modo que lhes dar o espaço e a liberdade adequados permite que se sintam confortáveis, não importa quão perto ou distante você esteja.

Testar os limites é normal para crianças de qualquer tamanho e algo que fica mais difícil em determinadas idades; pode ser saudável se as crianças estiverem tentando descobrir seus limites e o que podem ou não fazer no mundo. Seguir rigidamente os limites não é o objetivo (o que quer dizer que você pode relaxar às vezes; por exemplo, adiar a hora de dormir quando os avós estão visitando); é melhor ter como objetivo que seu filho desenvolva um respeito geral pelos limites, ou seja, que siga a maioria das regras, que tenha um senso de fundamentação e regulação dentro delas e que as rejeite ou questione às vezes. Então, não importa quão bem-comportado seu filho seja, quanto você confie em sua avaliação, quão competente seja em outras áreas de sua vida, ele ainda vai agir e testar os limites (e queremos que o faça, pois testar os limites é parte da construção da resiliência). Primeiro decida que limites são importantes de respeitar e quanta margem de manobra seu filho tem nos demais (onde você pode dar uma colher de chá?).

Lenox, de 6 anos, se recusava a pendurar o casaco quando chegava em casa, o que tinha sido definido como parte de suas responsabilidades ao voltar da escola. Ele costumava pendurar o casaco e guardar os tênis, mas agora isso tinha se tornado motivo de lembretes e discussões diários. Então seu pai decidiu deixar o assunto de lado por um tempo, já que as aulas estavam chegando ao fim e ele sabia que era um período difícil para Lenox. Finais são incertos e crianças costumam ficar irritadas. A regressão é uma forma de demonstrarem que estão se sentindo instáveis. Então o pai recuou. Tiro e queda: assim que acabou o ano letivo e a rotina de verão começou, Lenox, sem que ninguém o lembrasse, entrou em casa, pendurou o casaco e guardou os tênis. Apenas lembrar suas expectativas a seu filho pode ser o suficiente; assim como lembrar-lhe das possíveis consequências estabelecidas ou combinadas (por exemplo, "Se realmente não puder ajudar hoje na limpeza do quarto com suas irmãs, não poderá sair para passear mais tarde").

Percebo que os pais costumam ter dificuldade quando os filhos não gostam dos limites e deixam isso claro. Eles criticam, ficam de mau humor ou saem furiosos assim que ouvem um "não". Tenha em mente que, quando os limites estabelecidos são sensatos, as crianças têm o direito de não gostar deles e ainda mais de não acolhê-los de braços abertos. Trata-se mais de definir e articular claramente as expectativas, incluindo a mensagem de que espera que respeitem as regras e as sigam. Todos nós temos que fazer coisas de que não gostamos ou que não queremos. Como pai, você precisa estar preparado para, às vezes, respeitar o limite que estabeleceu, mesmo que seu filho não goste de ser lembrado de arrumar a cama ou de que acabou a hora de brincar, ou quando você não o deixa sair com os amigos em um dia de semana.

Durante um tempo, tive que puxar meu filho de 4 anos pela rua, porque ele não queria segurar minha mão. Minha regra era que tínhamos que atravessar a rua de mãos dadas e que ele poderia soltar minha mão quando estivéssemos na calçada. Assim que chegávamos ao outro lado, eu o soltava e ele se acalmava. Ele podia protestar contra a regra (embora fosse constrangedor notar as pessoas olhando para a criança gritando), mas ela não era negociável. O problema pode estar em você; pais levam para o lado pessoal as reações negativas ou a resistência dos filhos — ou mesmo quando a criança respeita o limite, mas o faz sob protestos — e ficam zangados por seus filhos estarem chateados com eles.

Uma mãe disse: "Minha filha fica de mau humor assim que digo que está na hora de guardar os aparelhos eletrônicos. Ela faz grosseria, olha para o chão, sai pisando duro".

Perguntei a essa mãe o que ela considerava rude na filha seguindo a regra, mesmo demonstrando não gostar dela.

"Ela tem tanto na vida. Por que simplesmente não aceita que não pode ter tudo o tempo todo? Por que é tão grosseira comigo?"

Eu entendo; é sempre mais fácil quando nossos filhos aceitam tudo com facilidade. Quando as crianças protestam ou ficam zangadas conosco por causa dos limites, parece que são mimadas. Outra forma de enquadrar esse comportamento é vê-lo como parte da separação, do fato de a criança ter as próprias opiniões e reações que a separam de nós. Na vida, nem todos concordamos, e no mundo lá fora nossos filhos nem sempre gostarão do que terão que fazer.

Conversei com essa mãe sobre o que significa para sua filha de 13 anos se tornar um indivíduo, o que inclui o fato de que ela pode às vezes ficar zangada com os pais e querer distância. Confiar nos pais significa sentir-se apto a demonstrar todos os sentimentos, mesmo os negativos, e sentir-se seguro o suficiente para protestar sobre um limite tem tudo a ver com isso. Mas não é porque a criança resiste ou expressa uma visão contrária que vamos recuar com nossos limites. Assim como no próprio processo de separação, desenvolver um diálogo saudável sobre limites e consequências não acontece de uma vez. Provavelmente você retornará à "mesa de negociações" ao longo da infância e ainda mais durante a adolescência de seu filho, e até mesmo na idade adulta — filhos adultos voltam e precisam ser lembrados de como devem participar e respeitar a sua casa. Esse processo de compreensão dos motivos por trás dos limites, de suas expectativas e das possíveis consequências quando a confiança é quebrada faz parte de algo mais amplo, que é aprender a ser autônomo e responsável pelo próprio comportamento e pelas próprias ações. Limites e confiança estão relacionados e servem de apoio para a criança no caminho para a independência.

O puxa e solta ao longo das idades

O impulso da criança de sair para o mundo e se tornar ela mesma pode colidir com sua necessidade igualmente poderosa de segurança e de saber que não está sozinha. Quando pensamos em separação, tendemos a considerar apenas as crianças mais novas, mas elas continuam a se debater com suas necessidades conflitantes de independência e segurança até a idade adulta. Quando crianças começam o processo de separação, normalmente o fazem de modo ambivalente — querem ser independentes e fazer as coisas sozinhas, mas também não querem se afastar muito de você. Tampouco querem que você se afaste totalmente. Ficam animadas de entrar no ônibus da escola, mas não gostam de se despedir e ficam zangadas quando entram; não querem que você diga a que horas devem voltar para casa ou ir para o quarto, mas querem que você esteja acordado esperando por elas, que a luz de seu quarto esteja acesa quando voltarem da festa. Crianças estão e não estão prontas ao mesmo tempo.

Uma vez mais, sem sua presença e seu apoio, as crianças se sentirão menos estáveis e não tão seguras.

Estar atento a pequenas mudanças de comportamento ou humor ajudará você a perceber quando seu filho estiver com dificuldades para se separar e precisando muito mais de sua presença. Determinados comportamentos podem sinalizar que a separação está sendo difícil:

- seu filho de 3 anos acorda chorando no meio da noite;
- seu filho de 5 anos quer dormir com você;
- seu filho de 7 anos não quer ir à festa de aniversário do melhor amigo;
- seu filho de 10 anos vive sentindo dor de barriga e não quer ir para a escola;
- seu filho de 15 anos insiste que você mande mensagens ao longo do dia dizendo que está bem.

Talvez você tenha dado permissão a seu filho para ir à escola sozinho por acreditar que essa nova liberdade será emocionante. Mas, surpreendentemente, seu filho de 10 anos, que estava pedindo isso havia meses, parece ficar enrolando na mesa de café da manhã, não encontra o tênis ou fica no banheiro por mais tempo do que o normal. Todas essas são indicações de que ele está com medo de sair de casa ou do seu lado, mesmo que deseje liberdade.

Uma mãe me contou que o filho de 14 anos, muito independente e aparentemente confiante, lhe disse certa manhã: "Às vezes queria estar no jardim de infância de novo para você me levar para a escola", embora ele já fosse para a escola com os amigos, sem hesitação, havia anos. Outra criança, de 9 anos, tinha planos para dormir na casa da nova amiguinha. Ela se sentou no sofá com a mochila pronta, incluindo os ingredientes para os biscoitos que queria preparar naquela ocasião especial. Quando a mãe lhe pediu que avisasse o pai de que estavam saindo, a menina respondeu com raiva: "Por que você sempre me obriga a fazer coisas que não quero?!". Animada por dormir na casa da amiga? Sim. Preocupada com a separação? Também.

Separação é algo intenso — mesmo no caso de crianças mais preparadas e independentes. Eis um exemplo de como a preocupação com a separação pode se expressar quando as crianças ficam mais velhas. Aleda, de 12 anos, não conseguia dormir. No dia seguinte, ia começar um novo curso depois da escola; um com o qual estava animada fazia semanas. Tinha implorado para fazer o curso, no qual aprenderia a criar a própria história em quadrinhos. Na noite anterior, tirou e espalhou todas as roupas do armário três vezes antes de se deitar, insegura quanto ao que usar na escola no dia seguinte.

Quando o pai, Rahim, perguntou se podia fazer alguma coisa para ajudá-la a se acalmar, Aleda perguntou se ele podia buscá-la no dia seguinte e deixá-la faltar ao curso. O pai reconheceu que o comportamento da filha não era normal — tanto a indecisão do que usar na escola quanto o pedido para faltar ao curso que estava tão ansiosa para fazer. Ele observou esses comportamentos incomuns e pensou sobre o que estaria por trás deles. É isso que significa estar sintonizado; quando Rahim percebeu a mudança de humor e comportamento de Aleda, proativamente a ajudou a se regular. Percebeu que ela estava nervosa com o desconhecido do novo curso. Depois de conversar um pouco, Rahim sugeriu que a filha fosse à primeira aula e então decidisse se iria querer continuar.

"Vamos dar um passo de cada vez", explicou. "Acho que você pode gostar."

De manhã, Aleda começou o dia um pouco preocupada, mas sentindo-se mais tranquila com a sugestão do pai de que poderia tentar um dia.

No fim, Aleda gostou do curso e quis continuar. O apoio do pai a ajudou a superar o medo do novo e do desconhecido, e assim ela conseguiu participar da aula. Ela se sentiu muito empoderada com sua produção no fim do curso: uma história em quadrinhos completa. Aleda comentou que tinha ficado muito preocupada em começar o curso e que estava contente por ter feito isso — lembraria da experiência para sempre. Ela experimentou um pouco da própria resiliência quando conseguiu refletir sobre suas preocupações iniciais e perceber que tinha superado a situação com sucesso. Você talvez se lembre de alguma situação em que seu filho estava começando algo novo — seja a primeira vez que dormiu na casa dos avós, se aprontou para o acampamento de verão, começou o ensino médio ou fez a primeira apresentação na escola. Antes ainda de dar início a qualquer uma dessas atividades, a criança tentará prever o evento e se perguntará se consegue lidar com ele, se será bem-sucedida; a expectativa pode criar preocupação sobre o desconhecido: "Terei um amigo?"; "E se eu esquecer minhas falas?"; "E se eu errar na hora de rebater a bola?". Como pai ancorador, você fornece segurança ajudando a narrar a situação com comentários que façam seu filho saber que você entende o dilema dele. Por exemplo, você pode dizer: "Tenho certeza de que você fará amigos, assim como fez naquele curso depois da escola, e estou ansioso para saber sobre ele" ou "Todo mundo esquece o texto às vezes; o diretor vai estar do seu lado para ajudar".

A questão aqui é que, quando enfrenta uma situação nova ou desconhecida, a criança questiona a própria preparação e levanta dúvidas. Há muitas incertezas em não saber o que esperar, o que pode fazer a criança sentir medo, ficar hesitante e menos motivada a tentar algo sozinha. Nessas horas, é tentador para os pais intervir e tentar administrar as emoções da criança. Com as melhores intenções, eles podem se tornar protetores demais e tirar dela uma excelente oportunidade de crescimento. Quando nós, como pais, paramos e mantemos em mente que esses momentos de separação, repletos de preocupações e ambivalências, fornecem oportunidades para nossos filhos testarem a si mesmos e aprenderem, os estamos ajudando a se tornarem mais confiantes em seu senso de arbítrio, o que está intimamente ligado à resiliência. Quando os encorajamos e ao mesmo tempo os apoiamos e reconhecemos seus sentimentos, eles muitas vezes acabam descobrindo a própria força e capacidade de lidar com situações difíceis. Em vez de preservá-los, podemos ajudá-los a superar.

Liberdade para cometer erros

Crianças crescem com os próprios erros; é parte essencial de seu processo de aprendizado. Na verdade, crianças mais novas não veem contratempos como erros, a menos que alguém diga que são erros ou que há apenas uma forma correta de fazer. O renomado psicólogo de desenvolvimento cognitivo e teórico suíço Jean Piaget escreveu que erros são importantes para o aprendizado das crianças, pois elas usam a informação para adaptar seu pensamento e incorporá-la à compreensão de como as coisas funcionam. Piaget se referia às crianças como pequenos cientistas. Se ficarmos à margem e observarmos, veremos que nossos pequenos cientistas tentarão diversas formas de empilhar os blocos, alcançar a prateleira mais alta ou resolver o quebra-cabeça, encontrando novas estratégias quando a anterior não funcionar. Quando a criança diz a si mesma "Quero que a torre fique mais alta, mas, quando coloco esse aqui, ela cai, então agora vou tentar um menor e ver se ela fica", está aprendendo. Esse processo de tentativa e erro estimula o pensamento criativo e a solução de problemas; também ampara o sentido da criança do próprio arbítrio.

Como isso está ligado à separação? Separação significa se tornar você mesmo. E se tornar você mesmo significa ter pensamentos, ideias e desejos próprios para tomar decisões sozinho. Testemunhei esse tipo de pensamento e aprendizado em primeira mão nas múltiplas visitas a uma rede de escolas na China chamada AnjiPlay e também palestrando na conferência True Play. Nas escolas AnjiPlay, alunos da pré-escola têm ampla liberdade para brincar e aprender em grandes espaços, observados por adultos que não os orientam nem interferem. O que presenciei foram níveis de colaboração, de tomada de risco, de experimentação e de elaboração de soluções de problemas muito além do que jamais observei nos Estados Unidos. As crianças desafiavam-se a aprender quando lhes era dado espaço para brincar e assumir a própria aprendizagem.

Por exemplo, sem que houvesse regras estabelecidas por adultos, as crianças construíam repetidamente elaborados escaladores ou rampas para rolarem bolas ou pneus. Em seguida, se desafiavam a deixar o aparato mais complicado e testar a gravidade mudando ângulos ou o tamanho do que rolavam nas rampas. Erros? Muitos. Elas pareciam pensar em tudo como solução de problemas, uma estimulante tomada de riscos ou um teste de hipóteses. Quando deixadas por conta própria, as crianças avidamente apresentavam ideias e trabalhavam juntas com intensa negociação, discórdia e compromisso a fim de decidir de modo colaborativo como melhorar o que estavam fazendo. Quando damos espaço às crianças para explorar, tentar formas diferentes de resolver problemas e usar a curiosidade com o intuito de motivar seu aprendizado, as libertamos da dicotomia que existe no pensamento de que só há um jeito certo de fazer alguma coisa.

Como pai, pode ser difícil recuar e não correr para resgatar o filho quando ele tropeça ou cai. Queremos remediar a situação para que ele não fique frustrado ou chateado consigo. Entretanto, é provável que estejamos tirando da criança a oportunidade de parar e refletir sobre o que fez, inventar novas maneiras de resolver um dilema, de ser mais criativa na forma de abordar uma tarefa ou simplesmente de decidir se afastar e tentar de novo em outro momento. Nosso resgate transmite a ela uma forte mensagem: não acreditamos que consiga lidar com um erro ou, então, acreditamos que cometer um erro a prejudicará e, portanto, é algo a ser totalmente evitado. Se essa for a mensagem, minamos involuntariamente a resiliência que advém de uma queda ou de uma falha, ou quando as coisas não saem conforme planejado.

A aprendizagem raramente é simples. Às vezes a criança aprende rapidamente uma habilidade ou tarefa, outras vezes não. Mas a cada vez que realiza uma tarefa ou tenta uma nova habilidade, a criança aprende algo: talvez aprenda a multiplicar números complexos, talvez descubra que precisa se esforçar mais. Talvez na primeira semana de aula de espanhol, ela perceba que tem dificuldade para entender o básico do novo idioma ou, pelo contrário, que tem um ouvido bom para ele. Talvez encontre uma nova maneira de encaixar as peças de animal no quebra-cabeça na pré-escola, ou quem sabe mude e transforme os animais de madeira em integrantes de uma fazenda de brinquedo. Ao intervir sempre que nosso filho estiver com problemas, podemos inadvertidamente deixá-lo inseguro. Imagine que seu filho de 6 anos não é chamado pelas outras crianças para brincar no parquinho. Você observa que ele fica olhando para os próprios pés enquanto as outras crianças o ignoram. Você se preocupa: será que ele vai falar com as crianças? Por que elas não o chamam para brincar? Será que devo pedir a elas que o chamem? Você poderia intervir, mas observar e esperar talvez dê a ele a oportunidade de agir por conta própria. Para sua surpresa, ele vai até outra criança que está sozinha. E logo os dois estão brincando juntos e, por fim, se divertindo com o grupo maior. Com tempo, e no próprio ritmo, ele se vira e corre até você para contar: "Papai, tenho um novo amigo!".

Quando lhes damos espaço para descobrir as coisas por conta própria ou para se levantar após uma queda, sinalizamos nossa confiança e crença neles. Uma situação recorrente no Toddler Center se dá quando uma criança tem dificuldade para vestir o casaco ou fechar o velcro do tênis: se eu ou qualquer um dos professores nos aproximarmos para fazer a tarefa pela criança, ela não vai aprender a realizá-la por conta própria. Contudo, segurar o casaco para ela lhe dá a oportunidade de fechá-lo sozinha. Me lembro de quando ensinei um de meus filhos a amarrar os tênis. Foi penoso e frustrante para ele, e teria sido muito mais rápido se eu mesma o fizesse — e provavelmente ele também preferiria. Eu poderia ter assumido a tarefa, mas me controlei (com um mantra: "Deixe-o fazer no tempo dele; ele é pequeno") e esperei. Por fim, ele conseguiu. O sorriso em seu rosto era de orelha a orelha. Embora ocorram muitos momentos de fracasso e frustração ao longo do caminho, a criança desenvolve confiança no próprio arbítrio e a resiliência que advém de alcançar objetivos.

Se uma criança cai do patinete ou da bicicleta, aguarde por um instante e observe o que ela precisa: ela pode se levantar e sair andando novamente, resolvendo a questão. Ou pode olhar para você porque precisa de ajuda ou apenas de um sorriso de confiança. Não é preciso se apressar.

Se uma criança chega em casa com uma nota ruim na prova, não a critique nem invente desculpas por ela. Evite dizer "Você estava cansado no dia da prova, só isso". Em vez disso, pergunte sobre a prova e esteja aberto a ouvir o que ela tem a dizer. Uma conversa acolhedora transmite a ideia de que aprendizado é um processo e nem sempre vamos nos sair tão bem quanto desejamos. Ofereça-se para repassar a prova e, se ela concordar, faça perguntas para ajudá-la a tomar consciência do que não entendeu ou do que poderia ter feito diferente.

Se a criança conta sobre uma briga ou conflito com um amigo, mesmo que a situação pareça incontornável, resista a interferir ou tirar conclusões. Em vez disso, peça a seu filho que descreva a situação, incluindo a participação e os sentimentos dele em relação ao assunto. Faça observações e perguntas e tente ouvir o que ele tem a dizer sobre sua decepção.

Quando tentam executar uma tarefa outra vez após terem cometido um erro, as crianças aprendem muito mais do que apenas o jeito correto de fazer aquilo. Quer estejam tentando resolver um problema matemático complexo, dominar uma nova habilidade física ou aprender a ler novas palavras, o esforço em si é significativo e muitas vezes benéfico. O que importa não é chegar à resposta, mas a percepção de que aprender demanda esforço e tempo. É isso que a psicóloga Carol Dweck, de Stanford, chama de mentalidade de crescimento. Atualmente, há um debate sobre a eficácia de determinadas intervenções da mentalidade prescritiva, mas a teoria de Dweck se mantém. As crianças que têm ou desenvolvem uma mentalidade de crescimento acreditam que aprender novas habilidades, aprender a usar materiais ou abordar situações novas demanda tempo e esforço; elas acreditam que são capazes de entender as coisas, que erros acontecerão ao longo do caminho e que o sucesso é sempre possível. Notavelmente, crianças com mentalidade de crescimento aprendem com os próprios erros, acreditam que podem continuar a melhorar suas habilidades e não pensam em contratempos como sinais de fracasso.

Por outro lado, crianças com mentalidade fixa veem erros ou dificuldades como sinais de fracasso e algo a ser evitado. Esse tipo de pensamento prepara a criança para fugir de desafios, uma vez que estes têm potencial para levar a erros e, na mente dessa criança, nada de bom vem disso, já que ela não tem o que fazer. Ou ela sabe alguma coisa ou não sabe, como se tivesse recebido determinada quantidade de inteligência e isso é tudo o que tem. Na realidade, crianças não têm uma mentalidade ou outra; elas terão momentos de cada uma, dependendo de uma variedade de fatores contextuais, incluindo as demandas da tarefa em questão, sua disposição no dia, suas atitudes em relação àquela área temática ou o quão bem preparadas estão se sentindo. Ainda assim, pais podem ajudar os filhos a cultivar uma orientação mais construtiva com o aprendizado enfatizando o processo em si, e não o resultado: destacando o quanto a criança se esforçou para melhorar em determinado esporte, para completar um quebra-cabeça de quinhentas peças ou para aprender a andar de bicicleta. A criança se sentirá menos frustrada com seus esforços se nós, pais, deixarmos claro que alcançar o objetivo normalmente leva tempo e muitas tentativas. Também é preciso dizer que não há problema quando a criança decide abandonar uma tarefa desafiadora. Todos nós precisamos de pausas em empreitadas frustrantes. Ressaltar o processo pelo qual a criança aprende também transmite a mensagem de que ela não é valorizada pelo desfecho ou resultado de uma prova ou desafio, e sim por participar do processo e ter as próprias ideias.

Quando nós, enquanto pais, inadvertidamente criticamos ou julgamos o erro, a dificuldade ou o fracasso da criança (normalmente com o objetivo de ajudá-la), ou mesmo comentamos sobre a forma como estão fazendo alguma coisa ("Esse bloco é pesado demais para colocar na torre. Não vai funcionar"; "Por que está tentando andar de bicicleta assim de novo?"), transmitimos a mensagem de que, para nós, há algo errado com a criança ou que ela não é capaz. A criança ouve: "Suas ideias, seu pensamento não é bom. Você não pode fazer isso".

A psicóloga Wendy Mogel chama de "sofrimento bom" a conduta de deixar os filhos passarem por situações ou sentimentos desconfortáveis. Ela diz que "É bom [para a criança] ficar entediada, solitária, desapontada, frustrada e infeliz". Por quê? Porque, em algum momento, ela terá que lidar sozinha com esses sentimentos. Mogel continua: "Quando intervimos para prevenir a dor em situações difíceis, criamos um reflexo: sempre que a criança sentir qualquer tristeza ou perturbação, frustração ou desapontamento, [vai acreditar] que não pode sobreviver ao sentimento". Mais uma vez, isso nos insta, como pais, a refletir e nos perguntar como nos sentimos com a ideia de nossos filhos enfrentarem tais desafios e emoções.

Hábitos domésticos

Fazer parte de uma família também significa compartilhar responsabilidades, cuidar e ser cuidado e contribuir coletivamente. A questão das tarefas domésticas é abordada com frequência por pais que desejam fomentar um sentido de responsabilidade nos filhos e obter ajuda nas tarefas da casa. É importante participar das tarefas domésticas. Aconselho pais a evitar o termo "tarefa" e se referir a elas como "hábitos domésticos" ou algum termo semelhante que seja adequado à família. Quer você tenha uma família de dois, cinco ou mais membros, contribuir coletivamente e compartilhar responsabilidades une a família e desenvolve competências sociais importantes, como respeito e reciprocidade (você lerá mais sobre isso no Capítulo 6). O estabelecimento de hábitos domésticos transmite a mensagem de que "estamos todos juntos nisso" e ensina às crianças a participar de atividades em benefício de um grupo.

A definição da estrutura dos seus hábitos domésticos depende de você, mas vou dar algumas sugestões.

Primeiro, identifique o que precisa ser feito — por exemplo, pôr a mesa, tirar os pratos depois do jantar, lavar a louça (ou colocar na máquina, se seu filho tiver idade para isso), tirar o lixo, pegar a correspondência, esvaziar a lava-louças, dobrar a roupa ou separar a roupa suja para lavar, alimentar o animal de estimação ou passear com ele, regar as plantas.

Você decide quais tarefas serão divididas com a família. Quando eu era criança, sempre que tínhamos que escolher a tarefa, eu ficava com a de passar o aspirador de pó, o que, por algum motivo, gostava de fazer. Depois de decidir as tarefas a serem feitas, monte um cronograma ou estabeleça quem fará o que e quando. Cada família distribui os hábitos domésticos de uma forma diferente. Você pode querer que cada um escolha sua tarefa, ou pode montar um quadro. Seja como for, enxergue os hábitos domésticos como responsabilidades das quais todos participam. Há uma flexibilidade implícita nessa abordagem, assim como a oportunidade de ser cooperativo e colaborativo — competências de que todas as crianças precisam no mundo lá fora, seja na escola, na vida profissional, nas amizades ou no lar.

Pela minha experiência, noto que crianças gostam de participar e assumir responsabilidades, especialmente quando sentem que estão participando do mundo adulto. Crianças mais novas podem ter vassouras ou panos pequenos para limpar junto e fazer "como a mamãe e o papai" ou "um dos irmãos mais velhos". Elas se sentem importantes agindo como os adultos. Quando meus meninos estavam em idade escolar, decidimos que era hora de todos contribuírem mais em casa. Até aquele momento, eles tiravam seus pratos da mesa, colocavam as roupas sujas no cesto e arrumavam a cama pela manhã (o que variava: um arrumava muito bem, enquanto outro mal puxava as cobertas; eu deixava a cargo deles e não fazia qualquer comentário ou crítica). Tínhamos uma rotina agitada, como muitos de vocês. Então fiz e pendurei na parede um quadro com três tarefas a serem feitas diariamente (pôr a mesa, servir e retirar os pratos, esvaziar a lava-louças) e designei uma criança para cada tarefa a cada dia, em uma espécie de rotatividade. Tentei criar expectativas claras com flexibilidade e clareza — mas sem sucesso. Eles brigavam pelos dias, tarefas e quem faria o quê.

Por fim, os dois meninos mais velhos disseram: "Mãe, o quadro que você fez não faz sentido! Deixa a gente fazer do nosso jeito!", e assim foi. Criaram um sistema combinado pelos três, do qual fiquei totalmente de fora. Todos os dias a mesa era posta, os pratos eram tirados e a lava-louças era enchida e esvaziada. Hábitos domésticos. O que eu havia ignorado e eles fizeram questão de me mostrar era que queriam ter voz em como participariam e dividiriam as responsabilidades entre si. Concedido esse arbítrio, eles assumiram seus papéis com mais responsabilidade, mesmo não amando realizar as tarefas. Quando começaram a fazer do próprio jeito, não pararam mais. Hábitos são como rotinas: quando fazemos todos os dias, tendemos a repeti-los — colocar os sapatos no lugar, pendurar os casacos, colocar as roupas no cesto e os pratos sujos na pia, e por aí vai. Comece identificando as tarefas e envolvendo seus filhos em várias delas. Se tem um filho mais velho ou adolescente e acha que já perdeu a chance de incutir esses hábitos, saiba que não é tarde demais. Universitários voltando para casa? Que oportunidade perfeita!

Hábitos domésticos proporcionam aos filhos a experiência de assumir responsabilidade, de cuidar de si e da família, além de independência. Todas essas habilidades são transferíveis para o mundo exterior à medida que a criança cresce. Embora elas possam reclamar ou tentar negociar para ficar de fora, ainda assim obedecerão se as expectativas forem claras. Acredite, executar as tarefas também pode ser divertido.

Para começar, você pode personalizar alguns hábitos domésticos estabelecendo um conjunto de expectativas em torno do autocuidado, incluindo qualquer uma a seguir (você escolhe):

- arrumar a cama;
- colocar a roupa suja no cesto (e não no chão);

- escovar os dentes pela manhã e à noite;
- pendurar a toalha no banheiro;
- guardar os brinquedos (pelo menos alguns) e o material escolar;
- dobrar ou separar a roupa limpa;
- manter o quarto arrumado;
- colocar (ou ajudar a colocar) a roupa para lavar;
- limpar o quintal, tirar as folhas secas.

Admito que às vezes é difícil resistir à vontade de realizar as tarefas domésticas sozinha porque será mais rápido, para evitar reclamações ou simplesmente por não gostar da forma como seu filho de 8 anos dobra as roupas. Mas tenha em mente que, quando você permite a seu filho participar das tarefas domésticas, está lhe dando uma oportunidade de ser responsável e se sentir parte de sua minicomunidade. Tente não fazer comentários negativos sobre a maneira de realizar qualquer coisa; eu garanto que, com o tempo, ele estará à altura de suas expectativas. Responsabilidade e resiliência andam de mãos dadas. Quanto mais oportunidades seu filho tiver de assumir responsabilidades, mais ele amadurecerá. Além disso, é outro passo em direção à independência.

Como a vergonha pode interferir

Como pais, nem sempre apoiamos o arbítrio de nossos filhos ou seu esforço por independência. Há uma infinidade de maneiras pelas quais podemos inadvertidamente impedir que eles sejam mais independentes: podemos tentar ser melhores amigos e esquecer que somos pais e que eles precisam de limites; podemos transmitir sinais contraditórios sobre o que pensamos ser independência; podemos microgerenciar ou ser muito controladores; podemos ser pegajosos e precisar deles para nos fazer felizes ou colocá-los em uma posição de cuidado com nossos sentimentos; podemos querer que continuem pequenos e esquecer que precisam crescer. Mas a forma mais perniciosa de intervir no crescente senso de identidade e arbítrio dos filhos talvez seja envergonhá-los, mesmo sem intenção. A vergonha atua contra o eu naturalmente em desenvolvimento de uma criança. Ela atua contra a capacidade da criança de desenvolver um sentido de individualidade ou o sentimento de que possui arbítrio e a capacidade de impactar seu ambiente; a vergonha insta, ao contrário, um sentimento corrosivo de dúvida de si mesmo. Você pode estar se perguntando por que um pai envergonharia uma criança, alguém que ele ama.

Na maioria das vezes, os pais não percebem quando fazem isso; nenhum pai quer impedir o crescimento do filho. Pais não entendem que a forma como falam com os filhos, os constrangimentos, as tentativas de controlar seus comportamentos ou as críticas a estes podem provocar o sentimento de vergonha. E pode ser difícil para a criança superar a vergonha. Ao tentar direcionar demasiadamente o comportamento de seus filhos com a justificativa de ensiná-los sobre o mundo, ou "para seu próprio bem", estão minando o frágil, vulnerável e ainda em desenvolvimento senso de identidade deles.

Pense por um momento: alguma vez você já fez comentários ou criticou a escolha de roupa de seu filho com uma atitude pouco positiva? Falou dele na frente de outros pais como se ele não estivesse presente, talvez até rindo ao contar alguma história engraçada?

Todos nós provavelmente já fizemos isso em algum momento, mas conscientizar-se desse tipo de intromissão e de como ela acontece ajuda a prestarmos atenção a nosso próprio comportamento:

- Já conversou calma e amorosamente com seu cônjuge ou amigo na frente de seu filho sobre ele ter caído da cama ou sobre seu filho de 8 anos ainda correr para sua cama à noite?
- Já deu a entender, de modo casual, para o professor ou outro pai que seu filho de 3 anos *ainda* não sabe usar o penico; tudo isso na presença dele?

- Comentou com um amigo, na frente de sua filha, sobre a declaração fofa que ela fez misturando as palavras? Comentou baixinho sobre a gagueira ocasional de seu filho, que você achava que ele já teria superado?
- Entrou no quarto e fez cara de irritado quando percebeu que precisava trocar de novo os lençóis molhados de seu filho de 9 anos?
- Alguma vez disse a seu filho: "Agora você é grandinho; não faça mais isso"?
- Alguma vez já usou de sarcasmo ou caçoou de seu adolescente por causa de comportamentos ditos infantis? Ou comentou: "Sério? Você está velha demais para isso. Não pode ir sozinha?", quando sua filha de 16 anos pediu que a acompanhasse ao dentista?

Frequentemente, esse tipo de constrangimento involuntário decorre de nossa própria raiva, vergonha, dúvida ou frustração não reconhecidas por nos sentirmos inferiores. Trazemos para a parentalidade a bagagem de nossa própria história e criação. O risco aqui é que, quando dizemos algo que direta ou indiretamente envergonha ou constrange nossos filhos, fazemos com que se sintam mal, diminuídos e envergonhados de quem são, colocando em risco seu sentido de identidade. Surgem dúvidas e lacunas em seu senso de arbítrio. Em vez de tratar do motivo pelo qual a criança está resistindo a trocar o berço pela cama, insistimos que ela já está grande (negando que ela possa se sentir pequena). Em vez de reconhecer que deve haver uma razão para a criança estar gritando e rindo loucamente, dizemos "Você é tão bobo". Em vez de perceber que nosso adolescente está nervoso com uma possível cárie e que por isso sempre resiste a ir ao dentista, dizemos "Aja de acordo com a sua idade". Nossas palavras são poderosas. (No Capítulo 7, falaremos mais profundamente sobre como evitar constrangimento e aprender a aceitar nossos filhos como são.)

A vergonha também impede as crianças de experimentar coisas novas ou de pedir ajuda quando precisam. Novamente, a maioria dos pais não pretende interferir no caminho dos filhos rumo à independência, mas cabe a eles se conscientizar do uso da linguagem e das demais formas pelas quais, sem querer, comunicam julgamento ou crítica ou se envolvem demasiadamente. Gosto de lembrar aos pais que eles precisam confiar que seus filhos crescerão e se desenvolverão, embora possa levar tempo, e isso vale para adolescentes. Que criança não quer se livrar das fraldas, sabendo quanto isso vai deixar papai e mamãe felizes? Que jovem de 18 anos não está ansioso para mostrar aos pais sua empolgação com a faculdade ou com o que quer que se siga ao ensino médio, ao mesmo tempo que precisa saber que não tem problema estar preocupado com a ideia de sair de casa? Todos eles crescem em algum momento.

Você conta

Esteja ciente de seus sentimentos quanto à ideia de seu filho se tornar mais independente, em especial porque ele continua precisando de você, mas de maneiras diferentes. Pais têm as próprias experiências internas de puxa e solta: queremos que nossos filhos cresçam e se tornem independentes, mas esse afastar-se de nós pode nos parecer uma perda. Podemos ficar tristes conforme nossos filhos crescem. Queremos que se aproximem dos amigos, mas podemos nos sentir incomodados, como se estivéssemos sendo substituídos. Podemos temer que a intimidade que construímos passando tanto tempo com nossos filhos quando eles eram menores diminua quando eles escolherem passar mais tempo com os amigos ou fazendo as próprias coisas. Na verdade, para muitos pais, há um ruído quando começam a perceber que o objetivo de criar filhos independentes significa que eles podem não precisar de nós nem querer estar conosco da mesma maneira que antes.

Então, como administramos a liberação gradual de responsabilidade sem deixar que nossos sentimentos atrapalhem? Como recuamos e nos mantemos presentes para eles ao mesmo tempo? Devemos pensar naquela corda de conexão e aceitar que nosso relacionamento pai-filho é uma eterna dinâmica de aproximação e afastamento.

Essa dinâmica pode ficar complicada. Às vezes, as necessidades dos pais entram em conflito com as dos filhos, revelando ambivalências por parte dos pais, o que realça a importância de estarem abertos aos próprios sentimentos e de manterem uma comunicação também sincera, como o exemplo a seguir evidencia.

A filha de Meredith, Naya, que está na faculdade, ligou dizendo que estava voltando para casa para uma visita não programada. A mãe ficou animada e gostou da ideia de ter a filha em casa, embora já tivesse planos. Como mãe solteira, Meredith estava aproveitando um pouco da liberdade que tinha agora que Naya não morava mais em casa; ao mesmo tempo, sentia falta da filha e estava com dificuldade para se adaptar. Quando Naya avisou que iria visitá-la, Meredith sentiu-se desconfortável em dizer à filha que tinha compromissos para o fim de semana. Ela supôs que Naya tivesse os próprios planos.

À medida que o agitado fim de semana terminava, a jovem de 19 anos se mostrava cada vez mais irritada, soltando piadinhas raivosas, parecendo claramente chateada. Por fim, Naya reclamou por não ter visto ou passado muito tempo com a mãe, e Meredith rapidamente se colocou na defensiva: "Bem, não sabia que você viria para casa e já tinha feito planos!". Por dentro, essa mãe estava furiosa, pensando: *Não tenho o direito de ter minha própria vida? Afinal, você agora está na faculdade e eu a criei praticamente sozinha.* Meredith sentia uma mistura de irritação e tristeza.

Naya respondeu: "Por que você não avisou que tinha compromisso? Eu teria mudado meus planos".

Então Meredith percebeu que ela também fizera suposições e disse: "Sempre fico feliz quando você está aqui. Sinto sua falta e acho que fiquei com medo de que não viesse se eu dissesse que tinha compromissos".

"Bem, pelo menos me dê a chance de tomar minhas próprias decisões!" Meredith recuou.

"Você está certa. Não pensei nisso. Estava pensando em mim e que queria que você viesse para casa. Desculpe. Da próxima vez serei mais clara sobre o que estou fazendo."

Nesse exemplo, há dois conjuntos de necessidades, alguns dos quais foram comunicados, outros não. Naya queria ir para casa e passar um tempo com a mãe, mas não comunicou essa necessidade; talvez fosse difícil para ela admitir que precisava de um tempo com a mãe naquele ponto da vida, em que achava que deveria ser mais adulta, já que estava na faculdade. Na verdade, suas visitas de fim de semana normalmente envolviam passar tempo com os amigos. Sua mãe também tinha necessidades conflitantes. Por um lado, Meredith ficou animada em ver a filha, mas também ressentida com a suposição de Naya de que ela deixaria tudo de lado. Porém, provavelmente ainda mais importante foi a percepção de Meredith de que estava tendo dificuldade em se adaptar ao fato de Naya não morar mais em casa. Todo passo em direção à independência é uma transição — para o filho e para o pai.

As prioridades conflitantes — estar juntos ou fazer as próprias coisas — não foram comunicadas por nenhuma delas, o que levou a sentimentos dolorosos.

A questão aqui é que pais também precisam estar cientes das próprias dificuldades conforme os filhos crescem e conquistam independência. E o trabalho de base estabelecido no relacionamento ao longo dos primeiros dezenove anos de vida de Naya propiciou a elas a capacidade de se juntarem novamente (a reparação descrita no Capítulo 3) mesmo após as falhas de comunicação e os sentimentos dolorosos.

Ainda bem que essa separação é um processo mútuo pelo qual pais e filhos navegam juntos e em paralelo; tem algumas coisas que gosto de lembrar:

- comemore os momentos de independência, bem como os de união;
- sintonize-se nos momentos de proximidade e apego;

- use narrativas para criar pontes: "Quando você era pequeno..."; "Lembra quando...";
- esteja ciente de seus próprios sentimentos contraditórios: você pode sentir ao mesmo tempo orgulho pelo crescimento de seus filhos e tristeza por eles não serem mais pequenos (perceber a própria tristeza lhe permite receber de braços abertos a próxima fase deles).

Ajudar os filhos a conquistar a liberdade inerente à independência é um objetivo de longo prazo da parentalidade. Confiança, erros, apoio e consciência parental dos motivos por trás da dificuldade de abrir mão fazem parte do processo de independência das crianças.

QUESTÕES PARA REFLEXÃO

Ao contemplar a própria experiência com relação à separação de seu filho e ao desenvolvimento de arbítrio dele, considere estas questões:

- Você foi criado em uma família autoritária (rígida), permissiva (frouxa), não envolvida/negligente ou autoritativa (com equilíbrio entre liberdade e limites)?
- Você era punido por desobedecer às regras ou humilhado por não segui-las?
- O que acontecia se você fizesse algo errado? Era incentivado a aprender com seus erros e tentar novamente? Era ridicularizado ou punido? Como foi para você?
- Que tipo de tarefas e responsabilidades você tinha em sua casa quando criança? Lembre-se do que gostava e do que não.
- Alguma vez foi humilhado ou julgado por não ir bem na escola ou não atender às expectativas de seus pais? Pense em alguma experiência específica e como você se sentiu.
- Alguma vez seus pais o decepcionaram ou desapontaram de alguma forma? Como você se sentiu?

- Consegue se lembrar de um momento em que foi incentivado a tentar algo novo? Como essa experiência fez você se sentir?
- Como se sente em relação ao crescimento de seus filhos, ao fato de eles se tornarem independentes e precisarem que você fique mais distante? Perceba os sentimentos positivos bem como os negativos que você tem quanto a isso.

6

O poder da conexão

Quarto pilar: Conectar-se com outros

Até aqui, debatemos a importância da conexão em diversos aspectos, desde o apego e a separação, passando pela sintonia com as necessidades da criança, até o poder contido em nossos atos de escutar, apoiar, confortar e acalmar. A natureza do relacionamento com seu filho se baseia em uma conexão emocional chamada amor. Ainda assim, entender a profundidade e as nuances dessa conexão, os motivos de ser importante e como ela se dá é crucial para ajudar a criança a desenvolver outra dimensão da resiliência: sua capacidade de se conectar com outros e de navegar no mundo social. Afinal, ninguém é feito para viver em isolamento e, quanto mais confiantes forem nossos filhos nas circunstâncias sociais e mais confortáveis se sentirem se relacionando de forma autêntica com outras pessoas, maior será a probabilidade de pedirem ajuda e apoio quando precisarem. Estar confortável em pedir ajuda é um fator importante em sua resiliência como um todo.

Todos queremos que os filhos se deem bem com outras pessoas, tenham amigos de confiança, sintam-se queridos e aceitos socialmente e que, quando surgirem conflitos com irmãos e colegas, os resolvam. É nos relacionamentos sociais que as crianças desenvolvem autoestima, empatia e habilidade para expressar diferenças de opinião, resolver conflitos e gerir as próprias reparações.

Ajudar os outros e pedir ajuda

Quando pais me procuram nervosos ou chateados a respeito de como ajudar os filhos a transitarem na dimensão social, muitas vezes complicada, de suas vidas, em especial com colegas, sua ansiedade normalmente se baseia em não compreender completamente o porquê de esse aspecto da vida de seus filhos ser tão importante. Eles entendem que crianças precisam de amigos e se dar bem com outras pessoas, mas por que isso é tão importante normalmente não lhes está claro. Em outras palavras, se o filho está indo bem em outros campos, indo bem na escola, que diferença faz se não tem um grande amigo ou se é deixado de escanteio?

No nível mais básico, o mundo social se trata de aprendizado. Crianças pequenas podem brincar sozinhas e precisam de bastante tempo para isso; no entanto, quando brincam com outras crianças, há uma riqueza e uma complexidade adicionais que aprofundam o aprendizado. As demandas sociais as levam a se adaptar e aprender com mais atenção e sutileza. Brincar, cooperar, colaborar, comprometer-se, resolver conflitos, compartilhar, se revezar, comunicar e entender outro ponto de vista são competências inerentemente sociais que melhoram a compreensão e otimizam o desenvolvimento e funcionamento do cérebro, incluindo o aprendizado acadêmico e a concentração. Todas essas habilidades permitem que a criança aprenda sobre si mesma e sobre os outros no contexto do mundo que a rodeia. Não saber interagir com colegas de classe e pares não apenas a impede de fazer amizades como também de se beneficiar de um importante domínio de aprendizagem.

Essa consciência dos outros como pessoas distintas e as percepções de como opera o mundo constituem a cognição social. Conforme amadurece, a criança desenvolve consciência dos próprios sentimentos, pensamentos, desejos e motivações em relação às outras pessoas. Interações sociais e experiências com colegas permitem que a criança entenda, aos poucos, que os outros têm sentimentos e ideias que podem ser diferentes dos seus. Ela aprende — às vezes por tentativa e erro — a reagir melhor em determinadas situações, a identificar quando pode se manifestar ou a chegar a acordos sem abrir mão totalmente de suas ideias. Crianças se beneficiam de nossa orientação para entender quando devem ouvir, como fazer novos amigos, escolher um grupo confiável e estabelecer limites saudáveis.

Interagir com colegas e participar em situações sociais também ajuda a criança a desenvolver o que chamamos de comportamento pró--social — a capacidade de prestar atenção e se importar com os outros que leva a criança a ajudar e cuidar. Quando uma criança ajuda outra que caiu no parquinho, está demonstrando comportamento pró-social. Reconhecer que uma pessoa está triste e perguntar o que pode fazer para ajudar é outro exemplo, assim como quando um adolescente se oferece para compartilhar as anotações de aula com um colega que faltou porque estava doente. Oferecer-se para varrer o chão da cozinha depois do jantar ou ligar para uma avó idosa também são exemplos de competências pró-sociais.

Como pais, podemos transmitir a nossos filhos a mensagem de que ajudar os outros e pedir ajuda são gestos valorizados. Você o faz no relacionamento cotidiano fornecendo cuidado, conforto e apoio ao seu filho, sem julgar as necessidades dele. Dar o exemplo de pedir ajuda também é importante. Você pode fazê-lo mostrando a seu filho que, quando precisa, você pede ajuda. É importantíssimo que as crianças aprendam que pedir ajuda é uma coisa boa; de fato, pesquisas pedagógicas concluíram há muito tempo que alunos que "buscam ajuda" são mais bem-sucedidos. Depende de nós transmitir a ideia, e demonstrar em nossas ações, de que pedir ajuda é algo positivo, e não motivo para se envergonhar. Dessa forma, nossos filhos se tornam capazes de crescer de maneira independente e saber quando e como devem recorrer aos outros em busca de auxílio.

Dar e receber ajuda são processos recíprocos. Quando pais dão o exemplo de como se revezar, agir generosamente e compartilhar, a criança aprende a fazer o mesmo. Quando demonstramos gentileza para com os outros, incluindo nossos filhos, estamos injetando não apenas valores, mas também a oportunidade de eles incorporarem uma forma de ser no mundo. Por outro lado, demandar que a criança compartilhe antes de ela estar pronta para tanto em termos de desenvolvimento pode ser um tiro pela culatra. A maioria das crianças não está realmente pronta para compartilhar até que tenha um forte senso da própria autonomia, por volta dos 3 ou 4 anos. Mas isso não quer dizer que os pais devam parar de dar o exemplo de comportamentos pró-sociais, pois em algum momento a criança os aprenderá e os terá também.

Cientistas distinguem esses comportamentos de ajuda daqueles que são motivados primariamente por necessidades; comportamentos pró-sociais beneficiam os outros e a nós mesmos. No nível neurobiológico, estamos programados para manifestar tais comportamentos, uma vez que indivíduos dependem de um grupo maior para sobreviver, e o grupo é feito de indivíduos. O neurocientista social e pesquisador da Universidade da Califórnia Matthew Lieberman e outros demonstraram que comportamentos altruístas estão relacionados a uma vasta rede de vias neurais que, em última análise, nos recompensam — com bons sentimentos, liberação de ocitocina e dopamina e sentimentos otimistas e pró-sociais. Curiosamente, a ocitocina e a dopamina, os chamados hormônios da felicidade, são os mesmos liberados quando mães nutrem e cuidam do bebê. Biólogos chamam essa dupla de hormônios do apego — pois são a forma como o sistema mente-corpo reforça o elo inicial entre mãe e filho. Em outras palavras, ajudar os outros é bom e tem propósito tanto individual quanto social.

Embora saibamos há muito tempo que o desenvolvimento da criança é, no geral, um processo social que começa com o apego inicial a um cuidador primário, recentemente neurocientistas definiram melhor o significado dessa dimensão social e por que ela é tão fundamental para o desenvolvimento ao longo da vida, assim como sua relação com a resiliência. Mais especificamente, pesquisadores da neurociência cognitivo-social usaram a metodologia de imagem por ressonância magnética funcional (fMRI) para explicar os mecanismos mentais e emocionais criados a partir de nossas primeiras experiências de relacionamento (como o relacionamento pai-filho) e estabelecer a ligação que permite e estrutura o modo como nos movemos no mundo social. Esse interessante trabalho revelou que a neurobiologia do sistema de apego não apenas é fundamental para a forma como interpretamos e reagimos aos outros como também tem implicações para o resto da vida. Lieberman destaca, por exemplo, que: "O mesmo sistema de apego que, quando bebês, nos leva a chorar ao sermos separados de nosso cuidador também nos leva a responder ao choro de nosso bebê quando somos adultos (e nos tornamos pais)". A neurobiologia do apego é tão forte que se transmite de geração para geração. Lieberman também teoriza que o poder desse mecanismo social inato foi, em grande parte, o que possibilitou o crescimento evolutivo no tamanho do cérebro humano. As novas conexões e os caminhos cerebrais desenvolvidos com base na grande necessidade humana de socialização expandiram o cérebro — um exemplo poderoso de forma como consequência de função. Qual é a importância disso para compreender seu filho e o desenvolvimento da resiliência dele?

As raízes da empatia e compaixão

À medida que as crianças aprendem comportamentos pró-sociais, também compreendem que outras pessoas têm pensamentos e sentimentos diferentes dos seus; esse é o ponto de partida para o senso de identidade que elas estabelecem e solidificam como um ser separado dos pais, como debatido em capítulos anteriores. Penso na criança se afastando do relacionamento pai-filho e, com essa ligação e segurança amorosa dentro dela, ela abre os olhos para as demais pessoas que estão em seu mundo.

É nesse momento — e continuamente ao longo da vida — que ela enxerga os outros como indivíduos, começa a entender quem eles são e deseja estar e interagir com eles.

Como você provavelmente pode imaginar, haverá momentos em que a criança estará mais focada em si mesma e outros em que será capaz de se concentrar nas necessidades de outra pessoa. Não é porque seu filho de 4 anos encontrou uma solução com o irmão que queria construir uma cidade de blocos, enquanto ele queria assistir à TV, que em uma próxima vez haverá acordo sobre quem escolherá a atividade. Também é verdade que equilíbrio é necessário. Ajudar e não conseguir pedir ajuda pode fazer com que a pessoa se doe demais, criando o hábito desgastante de sempre colocar os outros à frente de si. Doar-se demais cria outras carências, como a necessidade constante de reconhecimento. Assim, nosso objetivo é alcançar os dois: capacidade de se doar e de ter as próprias necessidades atendidas.

Conforme cresce sua compreensão dos outros como pessoas distintas, a criança se aproxima de uma habilidade fundamental que chamamos de teoria da mente, ou a capacidade de mentalizar ou imaginar o que outras pessoas pensam ou sentem. Essa habilidade, que, supõe-se, as crianças desenvolvem de maneira mais completa por volta dos 4 anos, inclui a habilidade de imaginar a atividade mental de outra pessoa e vê-la como diferente da sua. A teoria da mente permite à criança deduzir o estado mental ou emocional de outra pessoa com base nas ações, expressões faciais ou dicas não verbais que esta transmite. Essa habilidade não apenas ajuda a criança a aprender a ter empatia e sentir real compaixão pelos outros, mas também a se definir com mais clareza. Crianças precisam do contraste com os outros para entender como elas próprias se assemelham ou se diferem das pessoas em sua vida.

"Sean e eu gostamos de jogar Xbox."
"Maura e eu gostamos de pintar as unhas de azul com bolinhas verdes."

"Sheree e eu gostamos de pular no trampolim, mas Karolina não gosta."

"Minha irmã ama cereal com açúcar no café da manhã, mas eu não. Eu como torrada."

As crianças tentam determinar quem são na relação com os outros, o que promove a compreensão dos que estão a seu redor assim como uma crescente autoconsciência. Conseguir entender a si mesmo no contexto de outras pessoas permite à criança conhecer seus pontos fortes e se ver como um indivíduo separado e talvez diferente. Em última análise, essa autoconsciência ampara a resiliência de se perceber diferente dos outros, porém não inferior. Como veremos no próximo capítulo, autoconsciência é o que permite à criança desenvolver sensos claros de identidade e de autoaceitação — fundamentais para a resiliência ante obstáculos, crises e incertezas.

Como dar exemplo de habilidades sociais

Você talvez suponha que o aprendizado de competências sociais é intuitivo e que a crescente independência de seu filho significa que ele está equipado com o conhecimento para ouvir, agir de maneira adequada, compartilhar e cooperar com outras pessoas, independentemente da situação social. Você talvez ache que, com o tempo, ele desenvolverá essas habilidades; no entanto, crianças muitas vezes se beneficiam do apoio e da orientação de adultos para desenvolver, praticar e aprofundar as competências sociais. Pré-adolescentes, adolescentes e jovens adultos também se beneficiam de nossa ajuda para administrar emoções intensas e situações sociais complexas ou novas ao longo da vida, incluindo relacionamentos amorosos, entrevistas de emprego, comportamento no local de trabalho e outras situações sociais mais formais.

Muitas faculdades e universidades, incluindo a em que fiz minha carreira acadêmica, fornecem explicitamente esse tipo de apoio aos alunos conforme eles avançam no mundo adulto. Ajudamos estudantes a se preparar para entrevistas de emprego por meio de simulações, a fim de lhes dar uma noção do que esperar e de como responder a possíveis perguntas e interações, incluindo até o que vestir. Temos workshops sobre como agir no ambiente de trabalho, como interagir em equipe e como lidar com conflitos envolvendo supervisores ou colegas.

De modo semelhante, no curso intensivo sobre desenvolvimento infantil que ministro anualmente, ensino os alunos a trabalhar em pequenos grupos. Embora isso faça parte do curso, desde a condução de projetos de pesquisa até a abordagem de tópicos no desenvolvimento infantil, estruturo essas interações em grupo como preparação para a vida. De forma mais ampla, é uma oportunidade para aprender habilidades valiosas de negociação, para construir consensos, para ouvir e ser ouvido. Adotamos abordagem semelhante no centro de desenvolvimento infantil que supervisiono. Quando os estagiários começam a trabalhar com as crianças, os professores fornecem orientações claras: quando chegar, por que ser pontual é importante para o fluxo do dia, como trabalhar com os colegas e se apoiar mutuamente, como pedir ajuda, como interagir com pais, ou o que se espera deles quanto à organização e limpeza. Esses detalhes concretos são diretrizes de comportamento que mesmo jovens adultos necessitam para se estabelecer em novas situações e ficar livres para aprender sobre o desenvolvimento das crianças.

Recue um pouco e você vai perceber que todos nós precisamos de tais diretrizes de vez em quando. O que é esperado de mim? Como lido com essa nova situação? A que horas as pessoas fazem pausa para almoçar nesse novo emprego? Às vezes esquecemos que mesmo nossos filhos mais velhos precisam de orientação e ensinamentos continuados de competências sociais e expectativas, em especial quando começam a enfrentar situações mais adultas. Então, para pensar em como fazer isso para seus filhos, comece mais uma vez por seu relacionamento com ele. Suas interações, gentilezas, limites e presença estão sempre ensinando a eles como devem tratar os outros e como devem esperar ser tratados. Além disso, há uma infinidade de maneiras mais intencionais de ajudar a aprimorar competências sociais nas interações cotidianas.

Na lista a seguir, destaco várias maneiras pelas quais você pode reforçar o que já faz com seu filho e aprimorar ainda mais as competências sociais dele. Embora algumas das sugestões provavelmente pareçam óbvias, sempre gosto de lembrar aos pais que as crianças também se beneficiam de instruções explícitas, repetições e, claro, da prática. Faça-as de modo proativo e elas se tornarão parte das rotinas e dos hábitos:

- Dramatização. Divirta-se enquanto ensina competências sociais. Aprender essas habilidades vitais não precisa ser chato. Uma sugestão é envolver as crianças em encenações para praticar cenários e interações diferentes ou novos. Crianças a partir dos 4 anos costumam gostar disso. Desenvolva uma série de estratégias e desfechos diferentes para ajudá-las a se sentir capazes de lidar com uma variedade de situações e encarar novas. A dramatização pode aumentar a confiança delas, em especial daquelas mais hesitantes, ansiosas ou que demoram para se soltar. Você pode se concentrar em habilidades como revezar, compartilhar, brincar com outras crianças (uma habilidade importante para ser bem-sucedido entre colegas), solucionar problemas e conflitos ("Você está com três amigos que têm opiniões diferentes sobre como construir uma estrutura; vamos resolver isso") ou expressar emoções adequadamente ("Vamos fazer de conta que acabou seu biscoito predileto e você está zangado; mostre três maneiras de demonstrar isso"; depois repasse as situações — quais transmitiriam e comunicariam melhor aquelas emoções? E por quê?). Também é bom propor situações em que um amiguinho queira algo diferente ou totalmente oposto ao que seu filho quer. Juntos, vocês podem chegar a possíveis soluções, sem enfatizar uma correta, e sim ajudando seu filho a pensar em vários desfechos possíveis. Pergunte: "Como você acha que isso funcionaria? Como seu amigo (ou irmão) se sentiria?". O objetivo é dar a ele a experiência de resolver situações em que veja uma perspectiva diferente da dele. Dramatize e divirta-se você também.

- Demonstre boas competências sociais. Mais uma vez, você é o melhor exemplo para seu filho. Quando você é educado e demonstra respeito pelo balconista do mercado ou pelo garçom do restaurante, ele aprende que essa é uma forma respeitosa de interagir e tratar pessoas. Quando você resolve um desentendimento com seu parceiro sobre o que comer no jantar, ele observa como se soluciona um conflito. Quando você prepara uma refeição para o vizinho que acabou de voltar do hospital, ele aprende como demonstrar cuidado em momentos de necessidade. Todos esses são comportamentos de respeito e cuidado que seu filho pode aprender observando você.

- Invente histórias, conte histórias reais ou use livros ilustrados que tratem de situações sociais e emocionais. Essas histórias podem ajudar seu filho a entender situações complicadas: comportamentos que ele pode (e não pode) ter e por quê; se colocar no lugar do outro; como transitar de forma eficaz nas interações sociais. Pergunte como um personagem se sente ou o que poderia ter feito de diferente em resposta à situação narrada no livro ou vídeo. Você pode relacionar esses exemplos a acontecimentos da vida de seu filho. Por exemplo: "Isso parece quando seu amigo Keegan não quis te encontrar depois da escola; lembra como você se sentiu?". A literatura juvenil muitas vezes lida com conflitos de amizades e proporciona um caminho de conexão com o mundo social de crianças mais velhas; converse com seu filho mais velho sobre o que ele está lendo ou vendo, pergunte o que acha. Mesmo quando o livro, vídeo ou história resolva a situação, você pode perguntar sobre a solução, bem como sobre outras possíveis reações que os personagens poderiam ter tido. Você pode até explorar cenários que não são adequados e as razões por que considerar todas as possibilidades faz parte de uma compreensão completa. Ao considerar essas discussões conjuntas, você talvez se surpreenda ao ouvir tudo o que seu filho está pensando. Isso não deve ser feito com o objetivo de repreendê-lo, criticá-lo ou julgá-lo, mas de propiciar novas aprendizagens sobre seu mundo social e de proporcionar apoio e orientação. Tenha em mente que, quanto mais você ouvir sem sentir necessidade de corrigi-lo, mais ele estará disposto a falar;

- Escolha jogos que demandem trabalho em equipe e cooperação. Jogos ensinam habilidades importantes, como aguardar a vez, estabelecer e seguir regras em conjunto e trabalhar em equipe. Existem jogos divertidos e cooperativos que têm um objetivo comum de equipe (encontrar um tesouro escondido/perdido, por exemplo) e também lugares como *escape rooms*, onde toda a família precisa trabalhar lado a lado para encontrar a saída. Em jogos, mesmo quando não são competitivos, os jogadores precisam concordar sobre decisões, estratégias e rotas a seguir como equipe, o que desenvolve competências de negociação, flexibilidade e cooperação, tudo no contexto da diversão. Experimente atividades mais simples com seu filho, como desenho de rabiscos: um membro da família desenha um rabisco no papel, depois outro acrescenta seu rabisco (experimente usar cores diferentes), depois outro, e assim surge uma imagem divertida e criativa, um trabalho em família. Todas as idades podem fazer isso. Vocês podem dar um nome à imagem que surgir ou inventar uma historinha sobre ela. O objetivo é se divertir e estar ciente de que habilidades estão sendo desenvolvidas no plano secundário.

- De forma intencional e explícita, ensine a seu filho competências eficazes de comunicação, para além de servir de exemplo delas. Pode começar demonstrando verbalmente seu papel na escuta ativa ("Estou ouvindo você; pode me contar mais?"). Para ajudá-lo a desenvolver suas habilidades de ouvir e se comunicar, incentivo você a pensar sobre quando está usando o celular ou outro aparelho, o que pode distraí-lo de estar presente para seu filho ou dividir sua atenção. A tecnologia está profundamente ligada a nossas vidas e precisamos estar cientes quando ela começa a interferir em nossa capacidade de nos sintonizar com nossos filhos. Apoiar seu filho quando o que ele precisa talvez seja ouvir a opinião de outra pessoa também ajuda a desenvolver sua habilidade de comunicação: "Sua amiga está pedindo que você ouça o que ela está dizendo. Parece que ela não quer fazer aquele jogo". Ajude a criança a se expressar assertivamente, mas com respeito: "Você pode dizer a ele que não gosta disso"; "Você pode pedir a ela que pare"; "Então seu amigo fez isso e você ficou chateado. O que você poderia dizer a ele para ajudá-lo a entender quanto isso chateia você?".
- Ensine a seu filho habilidades de resolução de problemas, enfatizando a importância de encontrar soluções que sejam boas para todos e mostrando como e quando ele deve chegar a meios-termos. Há crianças que por algum motivo acham que vão perder se concordarem com outra pessoa em meio a um desentendimento. Ajude seu filho a compreender o que é meio-termo e a enxergar que tanto ele quanto o amigo ou irmão podem chegar a uma decisão em comum, mesmo que isso signifique abrir mão de algo. Oriente-o no processo de identificar o problema, pensar em uma série de soluções possíveis e avaliar as consequências de suas ações potenciais. Tente não ficar chocado quando ele vier com uma solução que pode parecer irracional ("Simplesmente vou dizer aos outros amigos dele para não brincarem mais com

ele!") e pergunte como acha que a outra pessoa pode reagir, a fim de ajudá-lo a entender o potencial impacto de suas palavras e ações nos outros.

- Planeje passeios sociais e encontros para as crianças mais novas e incentive seu filho mais velho ou adolescente a sair com os amigos; crianças se beneficiam da interação com os colegas fora dos ambientes estruturados e regrados nos quais os adultos estão no controle. Deixar que decidam o que fazer, como fazer, de que maneira interagir ou brincar quando estão juntos os ajuda nas habilidades de tomada de decisão, resolução de problemas e organização. Sugira lugares ao ar livre para esses encontros, como parques, quintais e trilhas, onde não haja "dono" do lugar. Incentive-os a iniciar conversas, praticar o convívio, compartilhar materiais e participar de brincadeiras em conjunto. Cozinhar é uma atividade na qual crianças podem trabalhar juntas, com o bônus de ter uma refeição ou sobremesa como resultado. Crianças mais novas podem cozinhar com supervisão; adolescentes podem planejar e cozinhar juntos. Essa era a atividade favorita de um dos meus filhos e seus amigos quando estavam no ensino médio; eles adoravam o planejamento que envolvia decidir o prato, fazer a lista de ingredientes, ir ao mercado para comprar o que precisavam e então preparar, servir e desfrutar a refeição. Eles continuam a se encontrar para essas refeições coletivas quando voltam da faculdade para casa, e ainda amam essa incrível forma de socialização.

A chave aqui é paciência, embora às vezes possa ser difícil se lembrar disso — essas habilidades exigem tempo, prática e muitos erros e não são aprendidas todas de uma vez. O progresso em um ponto pode ser sucedido por retrocesso em outro. Em tempos de chateação, estresse ou incerteza, mesmo os melhores de nós esquecemos de prestar atenção a nossas maneiras, ao que os outros querem ou a algo de que alguém precisa.

CRIANÇAS COM DIFICULDADE DE LER OS SINAIS SOCIAIS

Pais de crianças com transtorno do espectro autista (TEA) frequentemente me pedem conselhos de como ajudar os filhos a aprender a ler situações sociais e reagir de maneira adequada. Acredito que, com orientação consistente e explícita, muitas crianças com TEA podem aprender a se tornar mais competentes social e emocionalmente, em especial quando recebem instrução e apoio explícitos em situações sociais.

Eis algumas sugestões:

- Envolva a criança em atividades lúdicas estruturadas que incentivem a interação social. Isso pode incluir jogos de tabuleiro cooperativos, projetos de construção ou atividades em grupo com regras e papéis claramente definidos. Brincadeiras estruturadas fornecem um ambiente seguro e favorável para crianças praticarem competências sociais e compreensão emocional. Fale abertamente sobre o que um amigo ou membro da família está pedindo, de modo que ela possa praticar a leitura facial dos sinais sociais e emocionais de outros.
- Crie um ambiente sensorial favorável que minimize distrações sensoriais e forneça os suportes necessários, como fones de ouvido para abafar o ruído ou um espaço tranquilo para pausas, se necessário. Ajudar a criança a lidar com as emoções de maneiras socialmente apropriadas, fazendo pausas frequentes caso haja necessidade, favorece sua regulação emocional, o que, por sua vez, a ajudará a se tornar mais capaz de participar em grupos.
- Experimente um programa de aprendizagem socioemocional que ensine competências sociais específicas e passo a passo. Esses programas se concentram em habilidades como iniciar conversas, manter contato visual, revezar e compreender sinais não verbais.

- Pratique interações sociais com roteiros ou frases que a criança possa usar em situações específicas. Participe de atividades de dramatização para estimular situações reais, permitindo que ela pratique respostas adequadas, alternâncias e solução de problemas. Quando voltados a crianças mais novas, esses grupos são baseados em brincadeiras, e tenho visto crianças fazendo grandes progressos e levando-os para suas interações cotidianas. Também existem grupos para crianças mais velhas e adolescentes.
- Tenho conexão com um programa em Nova York chamado The Meeting House, fundado e dirigido por Paula Resnick e composto por uma equipe de profissionais qualificados e calorosos. Eles dirigem programas extracurriculares para todas as idades com base em um modelo de aprendizado socioemocional que visa à construção de comunidades e enfatiza o aprendizado das crianças sobre si mesmas e sobre como se relacionar com colegas por meio de brincadeiras e projetos colaborativos. Procure lugares semelhantes em sua região ou busque recursos on-line. O The Meeting House tem um blog maravilhoso que trata de questões como empatia, cuidado, comunidade e solução de conflitos, sempre com o objetivo a entender como você pode ajudar seu filho. A postagem deles sobre cinquenta competências sociais essenciais (para todas as idades) é excelente e define as muitas habilidades necessárias para socializar e gerir emoções.
- Incentive interações com colegas neurotípicos que possam servir de modelo. Essa interação pode fornecer orientação, apoio e amizade mútuos, ao mesmo tempo que gera maior aceitação do colega.
- Introduza o conceito de Pensamento Social, um currículo baseado em pesquisas desenvolvidas por Michelle Garcia Winner que oferece recursos, estratégias práticas e ferramentas visuais para crianças neurodivergentes e neurotípicas de todas as idades. Esse programa e seus recursos são amplamente usados

por professores, fonoaudiólogos, conselheiros, terapeutas e pais para ajudar crianças neurodiversas e com TEA a aprender a reconhecer sinais e participar em experiências sociais.

Cada criança com TEA é uma pessoa singular e suas necessidades de competências sociais podem variar. É importante encontrar apoio para adaptar intervenções e estratégias a fim de suprir as necessidades específicas e os pontos fortes de seu filho individualmente. Também é útil envolver ou colaborar com profissionais como terapeutas ocupacionais, fonoaudiólogos ou terapeutas comportamentais especializados em trabalhar com crianças com TEA. Eles podem fornecer orientações valiosas, intervenções individualizadas e apoio no desenvolvimento de competências socioemocionais.

Pertencer e se adaptar

O que significa ser apto socialmente? É aprender a conviver bem com outras pessoas, ouvi-las e respondê-las com atenção e respeitar o ponto de vista delas, tanto as pessoas com quem se tem coisas em comum quanto as demais. Também é conhecer a própria voz e conseguir articular para os outros o que precisa. Como debatido, uma habilidade importante que as crianças aprendem é "se colocar no lugar do outro", que é a capacidade de entender e aceitar que outra pessoa tenha um ponto de vista diferente do seu. Essa é a raiz da empatia e da compaixão. São essas habilidades também que permitem aos jovens ter confiança de criar e manter relacionamentos com colegas, irmãos e com você. Ter a perspectiva do outro e articular as próprias necessidades fazem parte da construção da resiliência.

Quando pais estão envolvidos na comunidade e proporcionam oportunidades para as crianças participarem, elas não apenas aprendem a se conectar e respeitar os outros, como o sentido de pertencimento faz com que se sintam parte de algo maior. Também há recompensas em dar e fazer pelos outros. Elas aprendem sobre si mesmas e sobre outras pessoas, rompendo barreiras provocadas por diferenças (estereótipos) e desenvolvendo relacionamentos fora do núcleo familiar. Aprendem sobre si mesmas e como se relacionam com pessoas de diferentes origens, descobrindo o que têm em comum. Se há novos vizinhos no bairro, recebê-los com um cartão de boas-vindas feito por seus filhos e com biscoitos que você preparou ou que comprou na padaria local é uma boa forma de dar o exemplo de estender a mão e se conectar.

Fazer parte de uma comunidade não apenas ajuda as crianças a se relacionar com outras pessoas como também as motiva a resistir a preconceitos, a ajudar quem tem menos recursos ou está necessitado, além de desenvolver uma atitude inclusiva em relação às pessoas em geral. Todos esses são valores que se tornam parte da comunidade e da sociedade, e todos que vivem nelas podem beneficiar, incluindo seu filho.

Cada pessoa tem uma necessidade humana básica de pertencimento. Esse impulso instintivo de estar em afinidade com outros se conecta ao fato de sermos seres inerentemente sociais, mais capazes de sobreviver quando afiliados a um grupo. Pais muitas vezes se incomodam com a forma como o filho se adapta aos colegas da escola ou da vizinhança e se preocupam se ele tem amigos, se os amigos são os certos ou mesmo se são suficientes. E eu compreendo. Que nossos filhos tenham boas amizades, incluindo um confidente leal e confiável, é um aspecto social que quase todos os pais valorizam. No entanto, pais podem cair na armadilha de reagir exageradamente ou catastrofizar situações sociais, em especial se estas lhes lembram uma época em que sentiam não pertencer ou em que eram rejeitados.

Acho que a relação com os colegas traz mais lembranças do passado dos pais do que qualquer outra coisa. Então, embora nossos filhos se beneficiem de nosso apoio quando interagem no parquinho, na escola ou em outras situações sociais complexas, também precisamos ter em mente a manutenção de limites saudáveis que os incentivem a entender como devem interagir no mundo social por conta própria. É isso que dá a eles a oportunidade e o espaço para aprender as nuances das situações sociais e sentir-se mais confiantes. Crianças precisam experimentar e resolver os sentimentos confusos de vulnerabilidade e medo de rejeição ao mesmo tempo que desejam ser queridas ou se integrar aos amigos.

Eis um exemplo de como situações sociais podem ser complexas para crianças. Ricky, de 7 anos, chegou da escola visivelmente chateado, chutando os tênis com raiva, e gritou irritado: "Tem um garoto novo na minha turma!".

A mãe, Clare, fez as perguntas básicas: quem era o menino, como se chamava, se tinha acabado de se mudar.

Ricky soltou furioso: "Não sei nem quero saber!".

Clare ficou surpresa com a reação, que não era do feitio do filho. Então decidiu dar a ele a oportunidade de se acalmar.

Não demorou, ele saiu do quarto e se aninhou ao lado da mãe no sofá. Contou que no recreio o novo colega estava brincando com seu melhor amigo, Kenji, e expressou sua preocupação de que o menino novo afastasse seu amigo.

Essa mudança na formação da turma e dos colegas estava incomodando Ricky. De início, a novidade gera incerteza, e no campo social isso pode causar uma preocupação ainda mais profunda para uma criança: se vão gostar dela e como ela se encaixará. Será que o garoto novo afastará seus outros amigos?

Clare perguntou se no dia seguinte Ricky não poderia sugerir que os três brincassem juntos.

O menino respondeu com um imediato e firme "Não!". Ele estava chateado e irritado.

Clare ficou incomodada em ver o filho tão chateado e, em um primeiro momento, considerou ligar para a mãe de Kenji e ver se ela podia ajudar; como conhecia a mãe do amigo, passou-lhe pela cabeça que as duas poderiam resolver isso para eles. Hesitou, respirou fundo e decidiu recuar. Ao refletir sobre a situação, Clare percebeu que poderia ser muito mais útil para Ricky se não se intrometesse e apenas demonstrasse a ele que se importava e que tinha empatia por seus sentimentos, dada a situação.

Ela apenas disse: "Com certeza, isso é muito chato". Então ouviu o filho desabafar e deu a ele tempo para pensar sobre o dilema e sentir suas emoções.

Naquela noite, no jantar, a perspectiva de Ricky começou a mudar. Ele criou sozinho um plano para organizar um jogo no dia seguinte em que ele e os dois colegas pudessem jogar juntos. Contudo, de manhã, na hora de ir para a escola, permanecia a ligeira preocupação com o que poderia acontecer. Com a palavra da mãe de que ela achava que o plano funcionaria, o menino foi para a escola e, mais tarde, relatou que os três se divertiram no recreio.

O que esse simples exemplo ilustra é a necessidade de que nós, pais, estejamos cientes de nós mesmos e saibamos quando não interferir ou ultrapassar os limites. A mãe sinalizou seu apoio e demonstrou empatia pelo filho, respeitando também a necessidade dele de ficar furioso e desabafar. Quando ele voltou, ela ouviu e demonstrou empatia. Ao final, o fato de ela ter se mantido próxima, porém sem interferir, deu a ele espaço para criar um plano por conta própria e sentir-se bem-sucedido. O desfecho positivo é algo a que ele poderá se agarrar e que alimentará sua crescente resiliência, o sentimento de conseguir superar momentos difíceis.

Quando a criança se esforça para se encaixar, normalmente experimenta o desejo contrastante de se destacar da maioria e afirmar sua individualidade, algumas mais do que outras. Seu filho talvez goste de ser diferente — como a criança de 3 anos que vinha a todas as sessões do meu programa com tênis de pares diferentes e pijama —; ou talvez seu adolescente faça um corte de cabelo drástico ou o pinte de roxo. Às vezes, administrar esses gestos pode ser confuso para nós, especialmente a partir do momento em que as crianças entram na adolescência ou mais tarde, quando são jovens adultos.

Eis um exemplo. Wanda era uma talentosa aluna de artes no ensino médio e pensava em cursar artes plásticas no futuro. Ela recentemente tinha ganhado um importante prêmio local por seu incrível trabalho de colagem. Wanda se orgulhava de seu talento artístico e valorizava o reconhecimento que recebia de professores e outros adultos, mas tinha poucos amigos. Seu senso de estilo transparecia também nas roupas coloridas e lenços, e todas as manhãs ela passava um tempo extra escolhendo brincos, alguns feitos por ela. Seu pais apoiavam seu estilo e sempre lhe diziam o quanto admiravam sua criatividade. Sendo assim, ficaram surpresos quando, certa tarde, ela chegou em casa mais calada do que o normal e, após ter passado a maior parte do longo jantar em silêncio (exceto quando gritou com o irmão, dizendo que a deixasse em paz), revelou: "Não me encaixo. Não tenho amigos". Dizendo que queria ficar sozinha, foi para o quarto e fechou a porta.

O que mais impressionou os pais foi que ela sempre demonstrara uma veia independente, se vestindo como queria, com confiança, e desenvolvendo seu estilo criativo, que parecia ser bem natural para ela. Eles a apoiavam, permitindo que ela escolhesse as próprias roupas e levando-a para comprar tecidos diferentes para fazer suas bandanas e lenços. Ainda assim, como adolescente, Wanda estava descobrindo que ser diferente nem sempre era bom. Verdade, ela gostava da atenção que às vezes recebia por sua arte e criatividade, mas outras vezes "só queria ter amigos" e "ser como as outras crianças", como contou mais tarde ao pai. Ele ficou um pouco perdido, pois achava que permitir à filha ser ela mesma e apoiar seu jeito singular era o suficiente. O que os pais não perceberam foi o desejo de Wanda de se encaixar e ter amigos da mesma idade que a entendessem — não apenas adultos que a admirassem, embora isso fosse legal.

Esse exemplo reflete a tensão que muitos jovens experimentam entre querer ser eles mesmos e querer se encaixar. Quando conversei com os pais de Wanda, sugeri que a incentivassem a buscar outras formas de explorar sua arte. Após fazerem uma pesquisa juntos, Wanda decidiu participar de um programa extracurricular para crianças que estavam lidando com situações estressantes. Seu trabalho era ensinar cerâmica a um grupo de alunos do quinto ano, e ela amou. Sentia que exercia um papel de adulto com as crianças, o que lhe deu ânimo. Não apenas descobriu que era gratificante interagir com as crianças como também fez novos amigos no centro. Esse papel e os novos amigos a fizeram se sentir aceita e valorizada por seus talentos, o que contrariava a sensação de não se encaixar na escola e, aos poucos, ela voltou a se sentir mais confortável também no colégio. Quando Wanda conscientemente acolheu suas forças e interesses, sentiu-se mais centrada em si mesma, uma marca registrada da resiliência. O apoio e o incentivo de seus pais na busca por opções para explorar e expressar sua criatividade também a ajudaram.

Em geral, a tensão entre quem o adolescente é e o que a maioria está fazendo (o desejo de ser aceito) pode ficar mais forte conforme a criança adentra a adolescência e aprimora e define quem é no mundo. É aquele sentimento de desejar ser convidado para um evento social ao mesmo tempo que não se quer realmente participar dele. Talvez tudo o que a pessoa deseje seja saber que poderia fazer parte dele, ainda que se autodefina como diferente. Pais podem ajudar a aliviar essas tensões ouvindo as preocupações e os problemas dos filhos, ou simplesmente atuando como uma caixa de ressonância, lembrando ao filho que ele é amado independentemente de qualquer coisa. Mais uma vez, é o pai atuando como recipiente para o filho ainda em crescimento, que está ativamente desenvolvendo sua resiliência.

A pressão dos colegas não é o problema

A adolescência é considerada um período crítico, quando as competências sociais assumem nova importância na forma como os jovens cultivam amizades, como reagem à pressão dos colegas e *como* administram os conflitos entre o impulso de se encaixar e pertencer e a força igualmente intensa de ser independentes e autônomos, ser eles mesmos, ter a própria identidade. Muitos pais se preocupam que os filhos sejam influenciados pela "turma errada" e podem, consequentemente, tentar interferir e fazer uma espécie de "edição social". Muito provavelmente, esse tiro sairá pela culatra.

O trabalho de Joe Allen, eminente pesquisador de psicologia na Universidade da Virgínia, oferece informações importantes sobre o complexo processo de desenvolvimento social e pessoal do adolescente e o papel dos pais. Em seu estudo longitudinal de mais de vinte anos acompanhando os mesmos 165 adolescentes dos 13 aos 30 anos, Allen identificou fatores específicos que predizem o sucesso no fim da adolescência, além de mapear relacionamentos adultos positivos e o sucesso na vida pelos quinze anos seguintes. A principal descoberta desse trabalho é que os indicadores de sucesso para adolescentes, mais especificamente os relacionamentos próximos com os colegas, também se refletem nos adultos e no modo como desenvolvem resiliência, mantêm uma boa saúde e prosperam na maioria das áreas da vida. Aqueles que apresentaram relacionamentos mais superficiais com os colegas no início da adolescência não se saíram tão bem, inclusive sofrendo de depressão em taxas mais elevadas, falta de motivação e de confiança e problemas de saúde.

Adolescentes são programados para vivenciar exatamente o que precisam aprender através das amizades, dos desentendimentos com colegas e dos altos e baixos erráticos dos relacionamentos. E o que eles precisam aprender — o verdadeiro objetivo da adolescência — é equilibrar a necessidade por autonomia com o impulso simultâneo de se conectar de forma real, ponderada e sustentável com os amigos. Allen chama isso de "dilema adolescente", algo destacado em uma das revelações centrais de sua pesquisa que observou as "crianças legais" em comparação com adolescentes que tinham amizades mais fortes, embora menos numerosas, assim como apresentavam comportamentos menos pseudoadultos do que as "crianças legais". Ele descobriu que as crianças que foram consideradas "legais" dos 12 aos 14 anos, muito embora tenham sido consideradas populares, se tornaram menos bem-sucedidas quando adultas, menos ajustadas, menos saudáveis e, sim, menos felizes do que aquelas que não eram tão populares na adolescência. Allen descobriu que adolescentes que foram capazes de desenvolver amizades sólidas e confiantes, e não buscaram popularidade por si só, se saíram melhor.

Mas por que o grupo de adolescentes que teve pior desempenho no longo prazo foi o mesmo que era considerado "legal" no início da vida? As conclusões da pesquisa sugerem que esses adolescentes foram atraídos pela quantidade de amigos, um indicador exterior de popularidade, e não pela qualidade da conexão de amizades genuínas; suas necessárias raízes sociais/emocionais eram mais superficiais e não tão profundas quanto as dos outros adolescentes; e, por fim, seu comportamento adultizado "legal" (bebendo, fumando, fazendo sexo) era mais uma máscara para a falta de segurança e confiança genuínas. Em outras palavras, embora parecessem independentes e maduros no comportamento, na verdade nem eram autônomos nem conectados de forma profunda, que são os fatores necessários para prosperar conforme os adolescentes atravessam o caminho para a idade adulta.

Então, como pais podem ajudar os filhos a resistir ao apelo de optar pela quantidade em detrimento da qualidade?

Embora crianças no processo de se tornar jovens adultos precisem de espaço e liberdade, ainda assim necessitam de grades de proteção. Também precisam da atenção e da disponibilidade dos pais. Em minha experiência, pais que se empenham e se mantêm emocionalmente próximos são aqueles capazes de apoiar seus adolescentes durante esse período que pode ser socialmente turbulento. Embora você não seja mais responsável por organizar e administrar encontros para brincadeiras, ainda deve ficar de olho, pronto a apoiar seu adolescente sempre que ele precisar, e, às vezes, isso significa estar presente, mas segurar a língua, o que pode ser difícil.

Você pode estar se perguntando como orientar sem interferir ou criticar. Você está em posição de apoiar a busca deles por autonomia e se manter conectado, embora em um papel secundário. Nessa idade, não é você quem escolhe os amigos; ainda assim, o lugar onde vive e as pessoas com quem socializa em termos de adultos e outros grupos sociais comunitários têm influência em seu adolescente. Ele conhecerá seus amigos e ouvirá as ideias e os valores deles, o que abre a possibilidade de conhecer mentores entre eles. Ter mentores fora do núcleo familiar — professores, clérigos, membros da comunidade — proporciona a ele outros exemplos. Quando adolescente, eu tinha uma vizinha no fim da rua, uma jovem mãe, com quem eu passava um tempo à tarde. Eu ouvia sobre seus caminhos na vida, sua carreira e suas escolhas familiares, e ela também se interessava por minhas ideias e ouvia meus altos e baixos nas amizades, na família e na escola. Além disso, ríamos e nos divertíamos. Acompanhei sua transição de defensora pública a mãe e ganhei confiança ao ajudá-la a transitar para esse novo papel de adulto. O respeito demonstrado por um bom mentor reforça a autonomia em desenvolvimento do adolescente, desenvolve confiança e pode ajudar a aprimorar novas habilidades, dependendo das tarefas envolvidas na mentoria. Essa é outra forma pela qual o adolescente pode ser lentamente introduzido ao que é esperado conforme se torna adulto. Trabalhos de meio expediente também podem fazer essa função.

Seja como for, os pais não estão fora de cena; eles permanecem em segundo plano, como uma casa para a qual se pode retornar, uma caixa de ressonância e um guia. Adolescentes ainda precisam saber que seu porto seguro continua disponível sempre que precisarem, de modo que recuar não significa se afastar totalmente. Oferecer um lar acolhedor e sem julgamentos para seu adolescente e os amigos dele é parte disso, um lugar que seja convidativo para seus filhos receberem os amigos, desde que você esteja aberto a isso. Se prefere não ser um anfitrião, convide seu adolescente para uma atividade de fim de semana, como uma trilha ou acampamento; escolha filmes para assistirem juntos; ou passem tempo juntos em um evento esportivo ou show de música. Um dos meus filhos era um parceiro regular em exposições de fotografia, outro gostava de explorar diversos supermercados e encontrar refúgios naturais escondidos pela cidade. Embora eles estivessem com os amigos na maior parte do tempo, os momentos que passávamos juntos ainda eram importantes. Respeitar seu filho e conectar-se a suas áreas de interesse (em vez de tentar impor as suas próprias) mostra a ele que você enxerga e respeita o que ele gosta. Com um dos meus filhos, descobrimos muitas lojas de cartas *Magic* em cidades por todo o país, uma forma de demonstrarmos quanto respeitávamos sua paixão.

Existem duas outras descobertas do amplo estudo de Allen que podem ajudar a orientar pais, e essas podem surpreender. Permitir que seu adolescente discuta com você pode ter um resultado profundamente positivo quando bem conduzido. A pesquisa de Allen descobriu que os filhos de pais que "lhes permitiam negociar com eles quando havia uma discordância", usando um tom amigável, não litigioso e não combativo, em vez de simplesmente pôr um ponto-final autoritário na discussão, se tornaram adolescentes capazes de usar essas habilidades em interações com colegas. O que isso quer dizer? Que eles não precisavam ceder às pressões dos colegas; conseguiam se manter firmes quando não queriam fazer algo, como usar drogas ou álcool. A oportunidade oculta de discordar dos pais, geralmente em relação a notas, horários de chegada em casa ou tarefas domésticas, lhes proporcionou competências eficazes de argumentação e uma força interior. Ao ter espaço para potencialmente mudar a opinião dos pais sobre uma questão importante para eles, fosse comprar um novo celular, ir a um show ou rave, ou ficar na casa de um amigo cujos pais não estavam, os adolescentes desenvolveram uma base mais sólida para enfrentar influências negativas dos colegas.

Allen explica que essa abordagem em duas etapas funciona porque pais estabelecem duas expectativas fundamentais que os filhos podem levar para seu relacionamento com os colegas: a primeira é que vale a pena tentar persuadir outras pessoas a fazer o que eles querem; a segunda é que isso demandará persuasão de fato. No entanto, o limite está presente, uma vez que em última instância o pai tomará a decisão com base na discussão, e isso é um limite para o adolescente. Ademais, nem tudo está aberto a discussão, como, por exemplo, a cordialidade com que os membros da família se tratam. Quando isso é feito de forma saudável, e não para cada divergência, os adolescentes sentem-se respeitados e se tornam capazes de aprimorar sua voz — dois pontos importantes para seu sentido de arbítrio e, portanto, sua resiliência.

Isso lhes proporciona a oportunidade de descobrir o que desejam ou precisam e como articular tais desejos e necessidades. Pode ajudá-los a se colocar no lugar do outro; é necessário que você entenda o próprio ponto de vista para negociar com seus filhos, o que também demonstra respeito pelas opiniões deles. Isso é o oposto de seguir a maioria. Suponho que participar de uma equipe de debates também ajude a aprimorar essas competências.

Por outro lado, o adolescente a quem nunca, ou raramente, foi dada a oportunidade de negociar — aquele para quem o início e o fim da discussão é sempre "porque eu disse, e não é não" — está acostumado a simplesmente obedecer ao que os outros dizem ou exigem. Infelizmente, por mais que esse tipo de parentalidade restrita pareça estar blindando o filho da influência dos colegas, o que ocorre na realidade é o oposto. "Sim, senhor" e "Sim, senhora" em casa se transformam em "Tudo bem, já que não posso opinar mesmo", transmitindo a derrota ou a resignação aprendidas em casa. Então, quando os colegas sugerem bebidas, vandalismo ou experimentações sexuais com que esse adolescente não se sente à vontade, é mais provável que ele se submeta ao que já conhece — "Tudo bem". Allen os chama de "adolescentes capachos". Suas vozes foram silenciadas, o que torna mais fácil passar por cima deles e conquistar sua conformidade, mesmo a normas que um pai preferiria que não seguissem.

Pais não agem assim conscientemente; creio que todo pai está tentando proteger sua criança ou adolescente de perigos. Seus próprios temores podem fazer você ser mais rígido do que gostaria e, entre outras coisas, encerrar discussões de maneira autoritária. Tomar ciência dos padrões identificados pelo estudo de décadas — de que aquilo que é aprendido em família é levado para a relação com os colegas — é um passo importante para fazer mudanças na parentalidade e garantir que está apoiando seu adolescente à medida que ele avança no mundo por conta própria. O relacionamento de vocês ainda é importante.

Como não levar as coisas para o lado pessoal

Certo dia, eu estava conversando com Tonya, mãe de Jasmine, uma menina de 9 anos que frequentemente trazia para casa histórias de interações com os colegas. Jasmine sempre foi observadora dos amigos, mesmo na pré-escola: "Hoje o Leo não quis lanchar, só ficou sentado olhando; a Marly não quis brincar com o Will hoje, ela queria ficar sozinha". À medida que foi ficando mais velha, Jasmine passou a comentar sobre as interações mais complexas dos colegas, e ficava bem animada contando o que tinha acontecido e quem estava envolvido. Ela enfatizava uma gama de interações e suas reações — ser querida, ser deixada de lado ou à margem, ficar de fora observando os amigos, querer brincar ou não. Como outros de sua idade, ela tinha tendência a se fixar em um grupo de amigos em particular, um trio (incluindo ela) em que uma das amigas, Lila, normalmente formava dupla com uma e excluía a terceira. Os amigos que Lila escolhia variavam conforme o dia e a dinâmica implicava cochichar sobre outros amigos pelas costas. Jasmine comentava como seus colegas se comportavam e interagiam, e que às vezes ela era incluída e outras não. A mãe notou que, nos períodos em que Jasmine se sentia excluída, falava de Lila e se fixava na dinâmica repetidas vezes, voltando aos cenários e revivendo as etapas de determinada interação para tentar entender o que tinha acontecido naquele dia.

"Esse comportamento é obsessivo?", Tonya me perguntou. "Tento ouvir e distraí-la", mas a mãe estava pronta a sugerir que Jasmine conversasse com o conselheiro escolar.

Agora, no terceiro ano, Jasmine contou à mãe que Lila lhe havia enviado uma mensagem que "não era legal".

Por iniciativa própria, Jasmine avisou que falaria com a professora sobre a situação. Não queria citar o nome da amiga, mas planejou pedir à professora que conversasse com a turma sobre mensagens de texto e explicasse que dizer coisas maldosas por mensagem causava tanta dor quanto falar pessoalmente.

Tonya concordou que a mensagem não era legal (era sobre quem era e não era amigo daquela criança); validou a opinião e os sentimentos da filha sobre o assunto, e então perguntou se Jasmine queria que ela se envolvesse.

"Não!", a filha exclamou. "Minha professora vai me ajudar. E, além disso, não se enquadra nos meus manuais."

Tonya ficou chocada. "Que manuais?"

Jasmine explicou: "Mãe, eu tenho um manual para cada amigo. Um para cada; acho que tenho onze. No caso de uma amiga, o manual diz que, quando ela não falar comigo, eu volto para as minhas coisas e não deixo isso me incomodar. E ela vai falar comigo mais tarde.

"Para outra amiga, minha prima, o manual diz que ela gosta muito de se expressar, e agora estou acostumada. Espero ela expressar tudo e então voltamos a brincar juntas. É assim que ela é."

A menina continuou a explicar sua compreensão dos diferentes amigos, seus estilos e como ela reagia a suas ações. Tonya ouviu as descrições perspicazes e então perguntou à filha como seria se ela não tivesse aqueles manuais (sobre os quais a mãe estava ouvindo pela primeira vez). Jasmine respondeu: "Mãe! Você sabe que não seria legal!

Eu ficaria pensando demais nas coisas, como eu fazia antes, e falaria o tempo todo sobre elas. Não era legal para mim. Agora tenho meu manual, então posso dizer: 'Ah, ela age assim, então eu faço isso'. E pronto, acabou, posso brincar ou voltar a fazer o dever, mas aquilo não me incomoda mais".

Quando me contou essa história, Tonya queria saber se os manuais eram normais. "O que significa o fato de a Jasmine ter criado tais manuais?"

Aquilo era novo para mim também, e achei a ideia brilhante, em especial para uma garota de 9 anos, tanto que me inspirou a adicioná-la ao meu repertório de estratégias sociais sugeridas. Embora a criança não tenha percebido, ela não estava apenas evitando se magoar pelo comportamento imprevisível e pelo mau humor de uma amiga, mas também aprendendo uma competência valiosa: a de não levar para o lado pessoal o comportamento, o humor ou o afeto dos outros. Além disso, os manuais de Jasmine deram a ela uma forma de entender dinâmicas sociais complexas e muitas vezes confusas. Despersonalizar o comportamento de outras pessoas, seja um filho, um amigo ou um parceiro, é estabelecer um limite saudável, e ela inventou uma forma concreta de fazer isso.

Você conta

Como vimos, o vínculo entre pai e filho se desenvolve de diversas formas — por meio do toque físico e da proximidade, que transmitem cuidado e presença; através do tom e da troca de emoções; através da escuta, da disponibilidade e da atenção. Todas essas são interações sociais e emocionais. Dentro do recipiente de seu relacionamento, seu filho desenvolve a sensação interior de que é cuidado e digno de amor, um modelo internalizado que ele pode carregar para relacionamentos com colegas e com o mundo social mais amplo. Com apego seguro, crianças aprendem que relacionamentos são gratificantes e que a conexão vem da doação de si mesmo, do cuidado com os outros e de ser cuidado em troca. Elas também aprendem a lidar com as próprias emoções e desenvolver confiança, a conseguir o que precisam e a se comprometer.

Todas essas competências são cruciais para sua capacidade de transitar no complicado mundo das amizades, se relacionar bem com outras pessoas, solucionar conflitos, compartilhar e colaborar. O relacionamento que estabelecemos com nosso filho fornece a ele um modelo importante, demonstrando como são os relacionamentos, o que ele pode esperar dos outros e também o que pode dar a eles. Com esse "conhecimento social" estabelecido, as crianças desenvolvem um sentido de pertencimento a algo maior do que elas mesmas — à família, escola, equipe, comunidade, o que é inerentemente fundamental para nossa sobrevivência. Ouvimos sobre o alarmante crescimento do isolamento e da solidão, o que o diretor nacional de saúde dos Estados Unidos nomeou de "epidemia de solidão", e os dados mostram que a falta de relacionamentos confiáveis e experiências sociais está ligada ao aumento da depressão e dos desafios de saúde física e mental e até mesmo a um menor sucesso acadêmico. Somos feitos para estar com outros em conexão social.

Nossa história e nossas experiências ligadas a relacionamentos sociais também exercem um papel e podem involuntariamente afetar a maneira como ajudamos (ou atrapalhamos) nossos filhos conforme desenvolvem as próprias competências sociais. Por um lado, é importante separar a própria experiência da vivida por seu filho. Não é porque você foi intimidado ou ridicularizado quando criança que o mesmo acontecerá com ele. Por mais que você adorasse ser a criança popular na escola, não quer dizer que seu filho vá ser igualmente extrovertido. Para permanecer conectados a nossos filhos durante seu crescimento e fornecer a orientação e o apoio necessários para que desenvolvam a própria confiança social, devemos estar cientes de nossa própria experiência e evitar projetá-la neles.

QUESTÕES PARA REFLEXÃO

Estar ciente da própria experiência social pode nos ajudar a nos relacionar com nossos filhos à medida que navegam no mundo — muitas vezes complicado — dos colegas e adultos. Considere as seguintes questões:

- Como seu temperamento ou estilo afeta suas interações com outras pessoas, tais como membros da família ou amigos próximos? Conhecidos? Colegas de trabalho?
- O que você se lembra de suas interações com colegas na infância ou adolescência? Você era sempre deixado de lado, rejeitado por outras crianças, tinha dificuldades de se encaixar? Como foi para você?
- Você tinha um amigo ou amigos próximos? O que você se lembra desse relacionamento?
- Como você pede ajuda quando precisa? Você vê seus filhos imitando a forma como busca ajuda? Pense em sua conduta com seu filho no que diz respeito aos relacionamentos sociais dele. Você é capaz de ouvi-lo com atenção, ou prefere dar conselhos de uma vez? Como seu filho reage a você nessas horas?
- Como você dá o exemplo de reciprocidade nos relacionamentos com outras pessoas? Você estabelece uma relação de troca mútua com seus amigos, parentes ou parceiro?
- Quando seu filho tem um conflito social, como você responde? Por exemplo, você se intromete rapidamente ou se envolve nos desentendimentos de seu filho com irmãos ou amigos?
- Como você reage quando seu filho relata que foi deixado de lado ou magoado por um amigo ou por colegas de turma? Como se sente ao saber desse tipo de situação?
- Como você reage quando seu filho relata ter sido maldoso ou ter agido de maneira negativa com um amigo? Como se sente ao saber desse tipo de comportamento?

- Quando seu filho fala sobre amigos dos quais você não gosta, como você responde? Consegue se manter ciente de suas opiniões e ainda assim ouvir e apoiar seu filho?
- O que você faz quando seu filho adolescente deseja desabafar abertamente sobre tudo de ruim que está acontecendo? É capaz de ouvir e deixar que ele desabafe? Tenta resolver o problema de forma imediata? Como seu adolescente reage a você?

7

O dom da aceitação

Quinto pilar: Ser compreendido

Cada pessoa, seja criança ou adulto, deseja e merece ser compreendida e aceita por ser quem é, em todos os seus aspectos — os bons, os ruins e todos os demais entre ambos. É essa aceitação que nos permite gostar e, em última análise, amar a nós mesmos. Quando nos amamos e nos aceitamos, tornamo-nos pessoas que podem cuidar dos outros e se doar. Quando, como pais, fornecemos essa compreensão e aceitação a nosso filho, damos a ele um enorme presente que continuará sendo dado pelo restante de sua vida. Mostramos a ele que amar a si mesmo é tomar consciência e aceitar tanto suas qualidades positivas quanto os atributos não tão bonitos. Mostramos a ele que parte de se aceitar é reconhecer suas limitações ou vulnerabilidades. Dessa forma, o incentivamos a desenvolver uma visão mais tolerante e amorosa de si, não para que se exima de melhorar, mas porque, ao internalizar a sensação de ser visto e amado por ser quem é, ele se sente completo. Essa visão abrangente e realista de si mesmo o coloca em posição de se tornar mais preparado e capaz de enfrentar desafios, por possuir uma compreensão mais ampla e acurada do que pode ou não fazer, do que será necessário para perseverar ante desafios e de como pode desenvolver os recursos (como pedir ajuda quando necessário) para alcançar seus objetivos.

Este último pilar se ergue sobre e abrange os outros quatro pilares da resiliência e as formas como você tem sido âncora e recipiente para seu filho. Você teve a oportunidade de ajudá-lo a desenvolver um sentido dessa totalidade:

- incutindo-lhe confiança interna — permite a ele confiar em você e em si mesmo, sabendo, em um nível profundo, que não está sozinho no mundo;
- ajudando a corregular suas emoções — você está ensinando a ele como se autorregular e, consequentemente, lidar com as próprias emoções; por sua vez, ele está aprendendo a se manter firme em tempos de incerteza;
- dando a ele espaço com grades de proteção — você o está capacitando para se separar e se tornar autônomo, capaz de agir com arbítrio e se tornar ele mesmo, capaz de pesar as opções e tomar as próprias decisões com confiança;
- estando profundamente conectado — você o está equipando com o conhecimento para criar e estar em relacionamentos, se comunicar objetivamente e se conectar com pessoas de fora do núcleo familiar de maneiras genuínas e significativas.

O ponto alto desses pilares se concretiza quando você, consciente e intencionalmente, aceita seu filho do jeito que ele é, sem julgamento ou constrangimento; aceitando suas diferenças e complexidades, você o capacita a aceitar a si mesmo com confiança, respeito e a compreensão de que ele é importante.

O quinto pilar apura o significado definitivo de seu relacionamento com seu filho e o motivo por que ele é tão importante no desenvolvimento da resiliência. Pense nos capítulos iniciais sobre apego e separação. Há uma comunicação contínua entre você e seu filho durante o processo de desapego, em que você percebe do que ele precisa e cuida disso. Mesmo quando não tem certeza e está com dificuldades para entendê-lo, ainda pode comunicar que está fazendo o seu melhor para estar disponível e não culpar, punir, constranger ou ridicularizar suas dificuldades (nem se culpar). Quando as mensagens que você comunica são positivas e de aceitação, mesmo se, ou especialmente se, ele estiver transitando no mundo de maneira muito diferente da sua, ou de como você imagina que deveria, seu filho desenvolverá um sentido de identidade que pode evoluir para a plena aceitação de si mesmo. Ele não desenvolve uma crítica interior severa, que pode ser tóxica a seu bem-estar; não se rebaixa nem se sente envergonhado. Pelo contrário, ele aceita seus pontos fortes e fracos, e aceita ser quem é, porque a mensagem clara e consistente que você tem transmitido é a de que ele é valorizado e compreendido, e que você o ama por ser quem é.

Em última análise, esse profundo conhecimento do próprio valor intrínseco é um dos recursos mais poderosos da resiliência. Uma criança que se sente verdadeiramente vista e querida simplesmente por ser ela mesma contará com essa base pelo resto da vida. Ela será centrada em si própria, não será levada a se comparar com outros para medir seu valor. Ela saberá como cuidar de si mesma e desejará fazer isso. Ela será amorosa e compassiva em relação às próprias imperfeições e trabalhará para mudá-las — não porque acha que é uma pessoa ruim, mas porque quer ser melhor. Ou seja, a autoaceitação está ligada ao desenvolvimento da motivação interna.

Como pais, temos uma enorme oportunidade de acelerar para nossos filhos o caminho da autoaceitação. Quando demonstramos que os amamos incondicionalmente, eles internalizam a consciência de que não precisam fazer nem provar nada para ganhar nosso amor. Nutrir a autoaceitação dos filhos começa quando eles se separam e os ajudamos a desenvolver seu sentido de identidade, uma experiência abstrata, mas muito real, da vida interior de cada um. O sentido de si mesmo está relacionado à identidade e autoimagem, embora não se restrinja à aparência ou a como nos sentimos. Um sentido de si mesmo é o conhecimento interno de quem somos — como diz o filósofo budista Thich Nhat Hanh, ter consciência de si mesmo é como "encontrar um lar dentro de nosso corpo".

Orientar os filhos a encontrar esse lar interior lhes permite descobrir a verdadeiramente maravilhosa capacidade do amor-próprio. Quando aprendem a amar seu "verdadeiro eu", como define D. W. Winnicott, nossos filhos aprendem a aceitar seus pontos fracos juntamente com seus pontos fortes, suas idiossincrasias e necessidades, suas vitórias bem como suas derrotas. Pensam em si mesmos com compaixão, perdão e confiança, o que lhes permite atribuir o mesmo a outros em sua vida. São livres da crítica interna potencialmente tóxica, que pode sabotar as melhores intenções e impedir relacionamentos. Sentem-se inteiros como são — e tudo isso começa no contexto de seu relacionamento com seu filho.

Autoestima *versus* autoaceitação

Muitos pais com quem trabalho confundem autoestima e autoaceitação, e com razão. Os termos são muito comentados e com frequência usados de forma intercambiável. Enquanto autoestima se refere especificamente a como nos avaliamos ou nos sentimos em relação a nós mesmos, autoaceitação abrange um conhecimento mais profundo e mais estável de nosso próprio valor inerente. Quando nos autoaceitamos, somos capazes de acolher *todas* as nossas facetas — não apenas as partes positivas, mais "estimadas". Como tal, autoaceitação é incondicional, livre de qualificações e se torna a base do autoconhecimento. Podemos reconhecer nossas fraquezas e limitações, mas essa consciência não interfere de modo algum em nossa capacidade de nos aceitar e amar por completo. Ela também significa conseguir trabalhar no autocrescimento, aceitando erros em vez de julgá-los; permite à pessoa ser guiada por um desejo de melhorar ou de trabalhar na mudança.

Quando amamos nossos filhos independentemente de seus interesses, de sua personalidade, de como transitam no mundo ou, mais concretamente, de seu estilo de cabelo ou escolha de vestuário, transmitimos a mensagem de que são valorizados simplesmente pelo que são. Também transmitimos nossa confiança. Isso é diferente de ajudá-los a desenvolver autoestima, o que está ligado a desempenho, realizações, conquistas e suas competências e habilidades. Pais são os primeiros torcedores dos filhos quando se trata de reconhecer e elogiar as coisas maravilhosas que eles podem fazer — desde aplaudir seu primeiro passo até bater palmas quando recebem o diploma. Mas mesmo nosso entusiasmo desenfreado pode ter limites e enviar mensagens não intencionais a nossos filhos.

E se ele ficar em último lugar na corrida?
E se tirar nota baixa em matemática?
E se ele não conseguir entrar para o time de futebol ou para o elenco da peça de teatro da escola?

O perigo é quando a criança percebe esses resultados não tão bons como um indicador de que seu amor está ligado a determinadas condições. Aqui existem nuances: podemos validar as conquistas de nossos filhos e apoiar sua motivação para alcançar objetivos, mas não às custas de minar ou enfraquecer seu sentido de identidade. Às vezes nosso entusiasmo é tanto (mesmo amoroso) que ultrapassa a capacidade da criança de saber que continua amada mesmo se não for bem em uma prova ou esporte, se não for gentil com todos ou se não praticar uma atividade que você ame. Não entrar para a equipe esportiva não é um fracasso que muda quem a criança é, mas será assim se ela equiparar a participação na equipe ao fato de seus pais a valorizarem.

Até mesmo elogiar uma criança por uma conquista às vezes pode ser interpretado por ela como algo transacional: "Se eu faço algo bem, meus pais prestarão atenção em mim e me amarão mais". O risco é que o que começa a tomar forma na cabeça da criança é o que chamo de crítica interna, a voz estridente que a faz duvidar de si, se julgar severamente, ignorar suas necessidades reais e desenvolver uma falta de confiança ou uma insegurança geral em si mesma. Isso é o oposto de resiliência. Ela define a autoestima em relação à quantidade de elogios ou reações positivas que recebe de pais, professores e outros adultos. Assim como a vergonha, essa crítica interna corrói seu senso positivo de identidade. A maioria de nós carrega um crítico interno, mas, como adultos, temos mais capacidade de reformular essa voz de modo que seu impacto seja, no mínimo, de curta duração. No entanto, crianças estão mais vulneráveis aos efeitos de uma crítica interior; elas podem sofrer de ansiedade e se tornarem perfeccionistas. Elas podem evitar desafios nos quais não tenham certeza de que terão sucesso imediato e pode lhes faltar motivação para novas experiências. Quando se enraízam, essas reações podem interferir no crescimento e desenvolvimento da criança.

Malika é um grande exemplo disso. Ela é uma menina de 10 anos muito verbal, que sempre foi bem na escola. Professores a admiram e elogiam, e também seus pais, avós e muitos amigos. Ela se destaca na escola, ama matemática e é considerada uma "líder natural". Contudo, quando enfrenta um novo desafio matemático que não consegue resolver de primeira, ela se cala. Não pede ajuda à professora. Seu estômago dói, e Malika diz que não quer ir à escola. Sem os elogios pelos sucessos frequentes, sente-se à deriva e precisa de ajuda para se reerguer.

Malika diz à mãe: "Sou burra! Nunca vou conseguir!".

Sua mãe a lembra de que ela pode e vai, mas que isso leva tempo. Malika permanece em silêncio, e lágrimas enchem seus olhos. Sua mãe começa a perceber que todos os elogios, na verdade, tinham sido prejudiciais à atitude de Malika em relação a si mesma. Ela achava que era boa em tudo e não conseguia ver que há um processo envolvido no aprendizado. É pressão demais para uma criança.

Os pais de Malika perceberam que precisavam de ajuda para apoiá-la. Com o tempo, seus pais e avós aprenderam a comunicar uma mensagem diferente à menina, uma mais focada no esforço que ela despendia na escola do que nos resultados. Eles não falam mais sobre notas, mas sim sobre seu progresso. Perguntam como ela se sente quando faz progressos, em vez de falar sobre como é ótima. Aos poucos, e com o tempo, Malika foi substituindo a atitude perfeccionista por uma mais fundamentada na crença de que aprendizado é um processo que leva tempo e que erros — assim como resultados não tão bons — são parte desse processo. Essa atitude se tornará seu próprio guia para o sucesso e a ajudará a desenvolver resiliência para atravessar os próximos desafios. Ela não ficará tão frustrada da próxima vez que enfrentar um obstáculo em seu aprendizado. Pelo contrário, está começando a ver o aprendizado como um processo passo a passo, com alguns passos para a frente e outros para trás.

A boa notícia é que, como você é a referência primária e mais importante de seu filho no que diz respeito ao valor e à importância dele próprio, pode reforçar sua resistência contra o desenvolvimento do crítico interno ou, caso já tenha emergido, neutralizá-lo. Independentemente da idade, seu filho continuará procurando em você a confirmação de que é enxergado, amado e aceito pelo que é. Nosso desafio como pais é trabalhar nossos próprios preconceitos e ver nossos filhos como eles são.

O crítico interno, que normalmente decorre da falta de aceitação por parte dos pais, surge cedo e pode durar até a idade adulta. Uma mãe de 50 anos me contou que sua mãe, altamente crítica e severa, finalmente a elogiara pela maneira como estava criando seus filhos mesmo com a carreira desafiadora. Ela disse: "Você não tem ideia de quanto tempo esperei que ela dissesse algo positivo assim. Ela nunca nem tinha reconhecido que eu era uma boa mãe; tudo o que fazia era me criticar. Duvidei de mim por tanto tempo e precisava muito ouvi-la me elogiar como mãe". Isso vem de uma mulher que é extremamente bem-sucedida na carreira e está criando filhos prósperos sozinha; ela ainda está esperando a aprovação da mãe e duvidando de si mesma, apesar de ser bem-sucedida na vida. De modo semelhante, um pai de adolescentes certa vez me disse: "Comecei tarde e me tornei pai aos 46 anos. Passei a maior parte da vida adulta tentando deixar meu pai feliz, esperando que ele ficasse orgulhoso de mim. Isso nunca vai acontecer, mas ainda quero". Para ajudar nossos filhos a não serem críticos de si mesmos, devemos aprender a aceitar quem eles são e transmitir isso a eles, mesmo quando for difícil entendê-los.

Eles podem ter o próprio cronograma

Às vezes é confuso ou difícil decifrar o que nossos filhos precisam. Sem perceber, podemos ignorar suas necessidades ou nos impedir de compreendê-los de outras formas também. Às vezes nos adiantamos e impacientemente esperamos que nossos filhos superem determinados comportamentos em determinado tempo, mesmo que existam motivos para que não aconteça. É importante entender que qualquer criança pode estar no próprio processo de dar dois passos para a frente e um para trás. Queremos que cresçam e parem de reclamar porque estão "velhas demais para isso", que sejam mais responsáveis, menos carentes de nós, ou que cuidem melhor do próprio quarto. Podemos facilmente rotular um comportamento como regressivo em vez de entender que aquela criança está comunicando suas necessidades — quase sempre há uma razão para uma criança agir com menos maturidade do que você considera que ela deveria ter.

Por exemplo, Adele, de 3 anos, já usava o banheiro desde os 2, amava Rolling Stones e Beatles (assim como seus pais!) e lhes pedia que colocassem a música, e estava começando a ler palavras simples em seus livros prediletos. Seus pais estavam maravilhados com quanto "ela era madura para a idade".

Quando Adele insistiu que queria uma "cama de menina grande", eles aproveitaram a oportunidade e tiraram as grades do berço. Finalmente ela não era mais um bebê! Ty e sua esposa, Karolina, estavam prontos para ter somente crianças grandes em casa. Ty admitiu que aproveitava mais os filhos quando estes estavam maiores. Então, imagine a surpresa deles quando sua aparentemente madura Adele se recusou a ficar na cama, começou a vagar pela casa no meio da noite e insistiu para voltar a usar fraldas. E começou uma série de comportamentos regressivos. Adele falava como um bebê e pedia mamadeira, que ela não usava havia mais de um ano. Começou a usar fralda em vez de ir ao banheiro.

Ty e Karolina estavam muito abalados quando me procuraram.

"O que aconteceu? Adele era tão independente e estava deixando de ser um bebê, e agora voltou a agir como um bebezinho!", exclamou Ty, que parecia mais chateado. Karolina permanecia calada, mas olhava para baixo e apertava as mãos.

Sugeri que conversássemos para descobrir o que estava acontecendo. Quanto mais falávamos, mais os pais voltavam a ver Adele com a idade que ela tinha: 3 anos. Admitiram que gostavam de sua "veia independente" e do fato de ela agir "de forma resistente" — provavelmente gostavam mais do que deveriam. Também pareciam perceber que tinham esquecido quão pequena ela era, já que o irmão era quase cinco anos mais velho. Incentivei-os a ver a menina como a criança pequena que era, mais próxima de um bebê.

Ao voltarem para casa, propuseram recolocar a grade no berço (e ela dormiu de novo!). Deixaram-na fingir ser um bebê, a embalaram e cantaram cantigas de ninar. Na hora de dormir, voltaram a aconchegá-la no berço, como faziam quando era mais nova. Ty estava hesitante e queria que eu garantisse que tratar Adele dessa forma não ia interferir em seu desejo de crescer e que ela não seria um bebê para sempre. Assegurei que, se aceitassem que ela tinha um lado bebê e um lado que desejava crescer (os dois lados existem em todas as crianças), Adele se acalmaria, se sentiria segura novamente e ficaria ansiosa para seguir em frente. Papai também precisava de ajuda.

Em algumas semanas, Adele retomara seu jeito cativante e forte de ser. Seus pais se lembraram de que a menina era pequena, e ela sentiu-se novamente segura para crescer. Eles admitiram que mimá-la e recontar histórias de quando era bebê tinha sido bom. Isso é estar sintonizado: as necessidades dela eram de ser pequena, mesmo papai estando pronto para que ela não fosse mais. Quando os pais se sintonizaram às necessidades dela, Adele sentiu-se reconfortada e mais calma. Foi ficando cada vez mais segura e, com o tempo, mostrou-lhes que podia crescer.

Vejo frequentemente essa dinâmica em que a regressão da criança incomoda ou preocupa os pais. Compreensivelmente, esse tipo de mudança pode nos assustar. Nossa reação pode ser algo como: "O quê?! Você é melhor que isso! É capaz de muito mais". E, embora a criança seja capaz de mais, naquele momento ela não é. Nossa tendência é agir rapidamente, ser punitivo ou ficar zangado, aplicando consequências à falta de capacidades que sabemos que a criança possui. O que essa reação renega é a realidade de que crianças e adolescentes regridem às vezes, o que é outra forma de comunicarem suas necessidades.

Enxergando seu filho

Aceitar seu filho também implica reconhecer — e não julgar — suas diferenças. Como citado anteriormente, nossas reações aos filhos incluem aquelas que são sutis e às vezes inconscientes. Quando sentimos que ele é diferente de nós ou de seus irmãos, podemos, sem querer, compará-lo ou criticá-lo: "Por que você não pode ser mais parecido com seu irmão ou irmã?". Podemos externar em voz alta ou dizê-lo em uma silenciosa voz interior, mas que a criança ainda percebe e absorve.

Podemos realmente não "entender" o pré-adolescente que gosta de acordar e dormir tarde, quando somos pessoas matinais. Podemos ficar frustrados e ansiosos quando tudo o que ele quer comer é "comida branca" — macarrão com manteiga, com queijo, filé de frango —, quando somos uma família que ama comidas picantes e temos orgulho de nossas preferências "gourmet". Podemos não entender como e por que ele gosta de filmes de terror ou música alta. Mas, ao aprender a dar espaço para a criança ser quem é, o que significa vê-la e confiar nela, ela aprende que você está respeitando seus limites pessoais, suas necessidades no momento e o que a deixa confortável e lhe dá prazer. (Além disso, a maioria das crianças supera o fenômeno da "comida branca", ainda que isso não aconteça sob sua supervisão.)

Uma história que parece bastante oportuna é a de um casal que estava tendo dificuldade para aceitar a identidade de gênero não conforme do filho. Nicolette, que tinha nascido menino, com o nome de Nico, pedira para ser chamada de Nicolette quando fez 8 anos. Conheci a família quando Nicolette era bebê e observei como Maya e Juan foram se acostumando com o fato de Nicolette gostar de usar saias e vestidos e preferir os longos cabelos presos em um rabo de cavalo, às vezes com um laço. Embora se identificasse como garoto na época, Nicolette demonstrava interesses consistentes em atividades associadas ao mundo feminino. Ela gostava de acompanhar Maya ao salão para fazer as unhas e lhe pedia que comprasse presilhas para os cabelos.

Maya e Juan me pediram que trabalhasse com eles e com a escola a fim de ajudar os colegas de Nicolette e a comunidade a serem inclusivos e receptivos. Juntos, discutimos que, fosse Nicolette transgênero ou estivesse testando identidades de gênero de forma mais fluida, era importante que se sentisse respeitada e aceita. Pela minha observação, embora Nicolette se identificasse como menino, seus pais a deixavam ser ela mesma. Juan e Maya sentiam-se confortáveis com o fato de Nicolette explorar atividades de menina e se vestir com roupas femininas.

No entanto, quando Nicolette os abordou pedindo para trocar seu nome, Maya e Juan ficaram incomodados e inseguros quanto ao que fazer. Também ficaram nervosos e passaram a discutir mais como casal.

Com meu incentivo, Juan e Maya buscaram apoio profissional adicional a nosso trabalho — tanto para o casal quanto para a família, com Nicolette e seus irmãos. Eles amavam Nicolette — independentemente de sua identidade de gênero — e, como pais, sabiam que, mais do que ser tolerantes, podiam passar à total aceitação de quem aquela criança era. E reconheciam que precisavam trabalhar internamente para chegar a esse ponto. Com o tempo, Juan e Maya começaram a entender que no centro da questão estava a necessidade deles de abrir mão do que pensaram para o filho ou do que imaginaram que ele viria a ser. Trabalhando suas preocupações e medos a respeito do que Nicolette potencialmente enfrentaria na vida, a qual eles temiam que fosse repleta de sofrimento e rejeição, passaram a conseguir enxergar Nicolette, a quem conheciam e amavam independentemente de sua identidade de gênero.

Com o tempo e com vontade de entender quem Nicolette era, Maya e Juan acabaram por aceitá-la completamente e passaram a pensar em como poderiam apoiar a filha, que agora se identificava como mulher, naquilo que ela precisaria para continuar a crescer como uma pessoa amorosa, autoconfiante e resiliente. Uma vez que Maya e Juan conseguiram se conectar totalmente com o amor que tinham pela filha, deixaram que esse amor fosse seu guia, sua Estrela Polar, enquanto processavam os próprios sentimentos de sofrimento, confusão, preocupação e, por fim, aceitação e compreensão.

Como pais, enfrentaremos momentos que vão exigir uma reavaliação das ideias preconcebidas sobre nossos filhos e as expectativas sutis (ou nem tanto) e implícitas que temos para eles. Tomar consciência de nossos preconceitos e expectativas pode ser assustador, mas enfrentar temores e incômodos significa não atrapalhar nosso apoio a nosso filho em seu caminho singular de crescimento. Cada criança tem um. Cada criança precisa de pais que caminhem lado a lado com ela.

As identidades e personalidades das crianças também podem apresentar desafios mais sutis à nossa aceitação plena e incondicional. Pense em uma criança que ama pular na mobília, especialmente no sofá da sala. Isso é algo que enlouquece você. Sua tendência é dizer (ou gritar): "Por que você não consegue ficar quieta nunca? Você não ouve! Para agora!". Em vez disso, você trabalha para entender quem é essa criança: aquela que está em constante movimento. Você não precisa criticá-la ou humilhá-la por sua necessidade constante de movimento; pode, em vez disso, estabelecer uma regra de não pular no sofá e sugerir que ela arrume outro lugar para fazer isso. Há momentos em que é ainda mais difícil perceber o que nosso filho precisa ou respeitar sua forma de ser. Sem a intenção de fazê-lo, podemos corrigi-lo ou tentar controlá-lo quando ele está apenas tentando ser ele mesmo. Normalmente, tratam-se de qualidades ou hábitos de seu filho diferentes dos seus ou relacionados a partes suas das quais você não gosta ou preferiria que ele não imitasse. Isso pode incluir hábitos que simplesmente nos incomodam, como, por exemplo, no caso da criança que:

- tem dificuldade para acordar pela manhã, ou acorda lentamente e de mau humor;
- precisa de movimento constante e tem dificuldade de concentração;
- tem preferências muito singulares de comidas e se recusa a comer qualquer coisa diferente;
- prefere ficar em casa e dificilmente sai, mesmo em dias mais ensolarados;
- não gosta de ler livros, nunca;
- vive repetindo que está entediada e que não tem nada para fazer;
- tem um amigo e insiste que os dois não querem se relacionar com mais ninguém;
- rebate qualquer sugestão que você faz, mesmo quando está pedindo a sua ajuda;
- fica ansiosa antes de eventos sociais e se recusa a ir a festas de aniversário, reuniões familiares e eventos escolares;
- hesita em experimentar algo novo, incluindo roupas, alimentos ou atividades;
- permanece distante e observa por um longo tempo antes de participar, quando participa;
- precisa ser lembrada constantemente de fazer qualquer tarefa doméstica;

- reclama incessantemente e nunca parece satisfeita;
- raramente agradece, parece ingrata.

Então, o que faz um pai quando tem um filho tão difícil de entender, que tem hábitos que o frustram constantemente, ou aspectos/qualidades dos quais ele não gosta? Comece se perguntando por que esses hábitos o incomodam, pois conhecer melhor a si mesmo pode ser a mudança de que você precisa para aceitar quem seu filho é. Em um relacionamento amoroso e solidário, entender os comportamentos ou pontos de vista de seu filho pode ajudar a suavizar sua visão sobre ele e ajudar você a aceitá--lo, em vez de se irritar com ele. E lembre-se: não leve para o lado pessoal.

Ensinando autocuidado

Uma forma de as crianças respeitarem e aceitarem a si mesmas, em especial à medida que ficam mais velhas e mais capacitadas, é assumin-do responsabilidade pela própria saúde e bem-estar. Ensinar a nossos filhos competências de autocuidado é fundamental para que se respei-tem. Nunca é cedo demais para mostrar às crianças como se cuidar, e sintonizar-se com as próprias necessidades é algo que as ajudará a garantir que tenham habilidades para gerir fatores de estresse futuros de maneiras saudáveis e eficazes. Praticar atividades de autocuidado juntos ajudará seu filho a cultivar não apenas bons hábitos para a vida toda como também consciência daquilo que o centra em tempos de incerteza ou instabilidade.

O autocuidado assume muitas formas diferentes: desde hábitos diários de cuidado físico até ocasiões especiais que pedem algo a mais. Às vezes significa desfrutar a comida favorita, passar um tempo maior diante da tela fazendo algo de que gosta, ou assistir a vários episódios de um seriado em sequência, porém, mais frequentemente, significa ensinar (e dar o exemplo de) comportamentos que mostrem à criança os benefícios implícitos de estar sintonizado com o próprio corpo. A capacidade de cuidar das necessidades de bem-estar físico e emocional gera orgulho.

O cuidado com o corpo começa quando os filhos são pequenos, com as rotinas que você estabelece para tomar banho, escovar os dentes, pentear os cabelos e para dormir. Tais rotinas se transformam em autocuidado à medida que a criança cresce. Reserve um tempo para explicar a seus filhos que bons hábitos de saúde estimulam seu sistema imunológico e os protegem de invasores desagradáveis, como vírus e bactérias, ou mostre que uma boa noite de sono os ajuda a crescer. Conforme observei anteriormente, tente não transformar essas instruções em sermões (ninguém gosta de receber sermões, então seu filho provavelmente não lhe dará ouvidos); elas podem ser incorporadas a consultas ao dentista ou médico, ou em outros momentos que ocorrerem naturalmente.

Com o tempo, as rotinas diárias e seu apoio, eles aprenderão a escovar os dentes, lavar o corpo, incluindo as partes íntimas, e cuidar dos cabelos. Se tiverem necessidades especiais, como dermatite ou outras questões com a pele, ensiná-los a aplicar loções ou cremes deverá fazer parte do autocuidado. Isso se aplica ao uso de inalador ou outras necessidades médicas. Explique que uma boa noite de sono é importante para o bom funcionamento do cérebro durante o dia, e que nos faz sentir muito melhores. Quando meus filhos eram pequenos e os desafios do sono começaram, gentilmente e com bom humor, de manhã eu dizia quanto eles tinham crescido após uma noite em que todos houvessem dormido. Meus anos de trabalho com famílias e a criação dos meus três filhos evidenciaram para mim que ajudar as crianças a desenvolver bons hábitos de sono é crucial para apoiar sua saúde física, mental e emocional. A ciência apoia inequivocamente a importância do sono para o bem-estar e conforto ao longo da vida. O sono dá suporte ao crescimento, ao desenvolvimento, ao aprendizado, à regulação, à imunidade e à capacidade de seu filho de interagir, lidar com adversidades e desfrutar a vida. O sono é uma base fundamental para a resiliência.

Quando você ensina a elas sobre autocuidado desde muito cedo, as crianças passam a se orgulhar de cuidar de si mesmas. À medida que se aproximam da puberdade, uma maior atenção ao autocuidado, incluindo livros sobre mudanças corporais e conversas com você e com o pediatra (ou médico de adolescentes) ou com outros adultos em quem confiam, pode ajudá-las a assumir responsabilidade pelo próprio corpo e diminuir os potenciais sentimentos de vergonha relacionados a mudanças físicas. Você também pode conversar sobre mudanças emocionais e de humor, bem como sobre puberdade e suas consequentes mudanças e crescimento. Com essas conversas francas, as crianças se sentirão mais no controle das mudanças e mais abertas a fazer perguntas. Tais conversas também atenuam preocupações e ajudam sua criança ou adolescente a aceitar positivamente o crescimento e o desenvolvimento. Você também se beneficia na medida em que revê os próprios sentimentos em relação a essas questões ou à maneira como lhe foram comunicadas, de modo a estar ciente e não permitir que interfiram nas conversas e no apoio a seu filho. As culturas, religiões, a família de origem ou a comunidade onde crescemos, todas transmitem mensagens sobre corpo, puberdade e sexualidade que podem impactar a forma como nos sentimos e o que comunicamos a nossos filhos. Normalmente, esses tópicos são acompanhados de vergonha e, quanto mais ciente você se tornar, melhor comunicará mensagens positivas a seu filho.

Em diferentes estágios do crescimento, seu filho pode recuar no autocuidado, o que é uma forma de testar sua autonomia ("Tenho mesmo que tomar banho hoje? E daí se eu ficar fedido?"), mas, com o tempo, ele vai absorver — e usar — essas informações. Portanto, transmitir a informação sem julgamento é importante, mesmo se seu filho ainda não estiver pronto para cuidar de si mesmo, ou até tenha idade suficiente, porém esteja hesitante.

Compartilhar atividades físicas

Parte do cuidado físico é movimento. Incorporar movimentos compartilhados com seu filho, seja ele mais novo ou mais velho, dentro ou fora de casa, pode ser uma forma de se conectar ao mesmo tempo que desenvolve hábitos físicos saudáveis. Tendemos a correr para todos os lados com crianças pequenas, cientes de que precisam mexer o corpo, e nos tornamos menos atentos a essa necessidade quando elas crescem. Movimento físico é bom para o desenvolvimento de hábitos saudáveis ao longo de todas as idades; crescentes evidências científicas mostram os danos do sedentarismo na saúde mental e física. Quanto mais incorporarmos a atividade física como parte de estar com nossos filhos, mais propícios eles estarão para desenvolver hábitos saudáveis duradouros.

Praticar atividades físicas também é um momento para conexão. Conforme nossos filhos crescem, muitas vezes esquecemos que compartilhar movimentos continua sendo importante, e normalmente são momentos em que pais e filhos compartilham prazeres mútuos (por exemplo, ambos gostam de andar de bicicleta, ou jogar tênis, ou observar pássaros). De modo semelhante, é nesses momentos compartilhados que seu filho pode se abrir e conversar, falar o que está passando por sua cabeça — sem você precisar perguntar. Essa conexão inesperada e íntima acontece porque você não está pedindo nada a ele, não há regras ou críticas. Estamos juntos, em um movimento repetitivo que permite conexão e tempo para o pai ouvir sem fazer nenhuma exigência. Até nossos filhos mais calados podem se abrir nessas horas. Pense em jogar bola ou *frisbee*, ou fazer uma caminhada lado a lado. Em ambos os casos, há ritmo e tranquilidade, e seu filho que de outra forma compartilha muito pouco pode sentir-se confortável em contar algo sobre si, ou refletir sobre alguma coisa que está acontecendo em sua vida, não porque você perguntou, mas porque vocês estão conectados.

Além dos benefícios do movimento, passar tempo juntos mostra a seu filho que você gosta de estar com ele e valoriza quem ele é. Dependendo de seu filho e do que ele gosta, eis algumas sugestões:

- caminhar juntos pelo bairro, até o mercado ou um parque;
- passear com o cachorro;
- andar na chuva ou fazer uma caminhada no bosque;
- andar de bicicleta;
- jogar bola/*frisbee*;
- ir ao parquinho;
- brincar de obstáculos dentro ou fora de casa;
- praticar esportes de que ambos gostem, como tênis, basquete, futebol ou pingue-pongue;
- varrer, plantar, capinar e fazer outros trabalhos no jardim;
- treinar para uma corrida juntos;
- levantar peso ou praticar outros exercícios de rotina compartilhados.

A atividade física também pode ajudar seu filho a fazer a ligação entre sua prática e o impacto positivo que ela provoca no cérebro e corpo; quanto mais se exercitar, melhor ele se sentirá, mais forte ficarão seu corpo e sua mente, mais fácil será se concentrar em projetos escolares, finalizar o dever de casa ou alguma atividade criativa de sua escolha. Pode ser divertido explorar a ideia de que, quanto mais ele mexe o corpo, mais energia tem — e, portanto, pode brincar ainda mais. Movimento gera movimento. Exercitar-se com seu filho não precisa ser algo elaborado e não deve ser uma coisa rígida ou presa a regras — pode ser simples como conversar durante uma caminhada, andar de bicicleta, fazer alongamento ou ioga, ou brincar de esconde-esconde ou de pique no quintal. Ajudar seu filho a desenvolver consciência da relação entre atividade física e uma sensação de prazer estabelece a base para mais tarde, pois ele contará com o exercício para ajudá-lo a lidar com o estresse, aliviar a ansiedade e atravessar momentos difíceis.

Se seu filho gosta de esportes, incentive-o, mesmo se não for um esporte de sua escolha ou que você conheça. Uma mãe observou: "Eu era uma corredora de longa distância competitiva e jogava *softbol*, mas meu filho só quer jogar futebol, então me obriguei a aprender as regras básicas para demonstrar interesse. Quando mostro um conhecimento mínimo, ele fica muito animado por eu me preocupar com o que está fazendo para praticar suas habilidades".

Você não precisa ser o treinador ou ficar na lateral do campo em todos os jogos para demonstrar que se importa (mas tudo bem se for). Pode apoiar dando carona ou perguntando sobre o treino durante o jantar. Em uma temporada da liga infantil, meus filhos e eu fomos voluntários na limpeza e preparação dos campos após um longo inverno. Acabou sendo uma ótima atividade física e uma tarde divertida. Em algumas comunidades, fazer parte de atividades organizadas é algo que envolve muitas crianças. Ainda assim, uma criança (ou pai) não precisa fazer parte de atividades atléticas organizadas para enfatizar a importância de criar uma rotina regular de autocuidado físico que mantenha boa saúde e equilíbrio. O movimento diário como parte de hábitos regulares pode assumir incontáveis formas.

Soltem-se e se divirtam juntos

Muitas vezes pensamos que rir, brincar e se divertir são coisas de criança pequena e perdemos de vista que essas ações são importantes em qualquer momento da vida. Uma vida saudável e equilibrada inclui diversão e brincadeira; além disso, divertir-se é mais uma forma de combater o estresse. Fazer brincadeiras bobas, gostar de jogos e criar atividades divertidas e agradáveis mostra à criança como desanuviar, começando desde cedo e seguindo ao longo da vida. Crianças pequenas brincam sem nossa ajuda; elas correm, pulam, constroem, fingem, criam, seguem suas curiosidades e, além disso, brincam instintivamente. É parte de seu ser.

Isso não precisa acabar, e acredito veementemente que não deveria. O prazer de brincar é parte integral de uma vida equilibrada, e essa harmonia interna promove um senso de autoaceitação. Compartilhar diversão e risos com seu filho transmite a clara mensagem de que você gosta de estar com ele.

Como pai, você pode dar o exemplo e enfatizar a importância desse tipo de diversão para reforçar ainda mais o sentimento interior de plena identidade de seu filho, incluindo a parte lúdica. Quanto mais velhas forem as crianças, e maior for a pressão na escola e em outras atividades orientadas para objetivos, menores serão as oportunidades de entrar em brincadeiras não estruturadas e espontâneas. Não deixe de ressaltar que momentos divertidos e relaxantes são importantes para o bem-estar de todos. Dependendo da idade e dos interesses, isso pode abranger assistir a filmes juntos em uma noite de pipoca em casa, assar biscoitos ou outras sobremesas, criar gincanas, jogar jogos de tabuleiro ou cartas, ou montar juntos um quebra-cabeça de muitas peças durante vários dias. Pode ser compartilhar momentos de risadas ou piadas internas, ou colocar música, se soltar e dançar! Atividades lúdicas que proporcionam conexão e diversão compartilhadas permitem que todos se desestressem. Você pode ajudar seus filhos a fazerem a conexão entre se soltar e fazer algo pela pura emoção e o aumento de sentimentos positivos que se segue. Isso não é algo supérfluo na vida; pelo contrário, é essencial. E, quando você está presente e empenhado em se divertir junto com seus filhos, não apenas intensifica a força da conexão entre vocês como também os ajuda a desenvolver um recurso ao qual eles poderão recorrer quando você não estiver por perto. Observo isso em meus alunos que fazem bijuteria, pintam murais ou praticam outras atividades artísticas e criam algo com massinha ou argila quando as provas e testes estão chegando. É importante que jovens adultos saibam que o equilíbrio precisa estar presente em sua vida para um desenvolvimento saudável e para combater momentos estressantes.

Passar tempo ao ar livre

Todos sabemos que passar tempo ao ar livre faz bem, mas, além disso, proporciona à criança um canal de autocuidado. Passar tempo ao ar livre estimula o crescimento, o desenvolvimento e a conexão com a natureza. Estar em ambientes naturais é o primeiro passo para aprender a cuidar da natureza. Também ajuda o sistema imunológico e proporciona outra forma de relaxar e afastar o estresse; passar tempo em meio à natureza é benéfico para a saúde tanto de crianças quanto de adultos.

Muitas culturas enfatizam a importância de as crianças passarem tempo ao ar livre — para evitar doenças e melhorar a saúde em geral. Quando administrei nosso programa para crianças pequenas no primeiro ano da pandemia, que incluiu um inverno longo e frio, aprendi em primeira mão o valor de ajudar crianças a passar tempo em meio aos elementos da natureza — chuva, neve, granizo ou vento. Uma das minhas lembranças prediletas daquele ano é de um grupo de crianças de 2 e 3 anos abrindo bem a boca para pegar a forte chuva em um dia frio e úmido, rindo de prazer conforme a chuva fria batia em seus rostos. Os adultos estavam com frio, mas as crianças estavam cheias de alegria. Pais relataram repetidamente como as crianças dormiam bem após os dias ao ar livre. Sugiro acolher as estações e conhecer o ambiente de sua região com seu filho. Se você vive na cidade, passar tempo no parque, explorar novos bairros com seus filhos, independentemente da idade deles, e descobrir novos lugares para brincar são atividades compartilhadas incríveis. Se você vive perto de uma reserva natural ou florestal, faça caminhadas pelo bosque. Graças a meu marido, que ama a natureza, fazer caminhadas e estar ao ar livre, uma das atividades prediletas de nossos filhos era revirar troncos e galhos no bosque (ou em qualquer parque próximo) para ver o que vivia embaixo deles. Fazer caminhadas juntos, seja com as crianças participando dos planos e preparativos (especialmente quando estão mais crescidas) ou apenas acompanhando você, proporciona conexão com a natureza e o sentimento de liberdade (pense no prazer e na independência que a criança sente quando vai na frente ou lidera a família em uma trilha). Se você vive próximo a um curso de água ou uma praia, procure conchas ou outros tesouros; uma das minhas lembranças de infância mais preciosas é a de procurar vidro marinho e madeira flutuante às margens do Lago Eire. Até hoje ando olhando para baixo em qualquer praia.

Talvez sua família seja mais aventureira e goste de acampar, mergulhar ou fazer longas caminhadas — todo e qualquer tempo passado ao ar livre ajuda seu filho a desenvolver um relacionamento com o mundo natural e cria memórias com você, além de proporcionar uma série de oportunidades para resolver problemas e superar contratempos (como acender uma fogueira com madeira molhada, andar por uma trilha nova ou descobrir que ônibus pegar para chegar ao parque favorito) e um amor pela vida ao ar livre que seu filho apreciará e incorporará pelo resto da vida. À medida que as crianças chegam à adolescência, se aventurar ao ar livre com amigos pode ser uma forma de encontrar maior independência e ser social.

A mensagem importante é que estar ao ar livre faz diferença na saúde de seus filhos e em como eles se sentem em relação a si mesmos. O amor-próprio inclui conexão com a natureza, e passar tempo ao ar livre não precisa ser complicado — o quintal de casa, um jardim público ou um parque local: todos oferecem a oportunidade de desfrutar o ar livre.

Voluntariar-se para ajudar a comunidade

Como citado no capítulo anterior, ajudar os outros nos faz bem e tem um efeito positivo em nossa saúde no geral. Pesquisas sugerem que pessoas mais seguras e que se aceitam são mais propensas a servir aos outros. É um ciclo virtuoso: ajudar os outros nos faz sentir bem conosco mesmos e beneficia outras pessoas. A sensação de conexão com outras pessoas aumenta nosso senso de plenitude interior e amor-próprio, nos lembra de que somos parte de um círculo maior, uma comunidade.

Quando pais exemplificam esses comportamentos na própria vida e proporcionam oportunidades para os filhos participarem, instilam hábitos mentais que podem permanecer por toda a vida destes. Na primavera, costumávamos ajudar a encher as caixas de areia do parque para o dia da areia comunitário, que servia como um começo para as crianças quando elas eram pequenas. Promover dias do parque local — plantando ou varrendo o parque — é outra atividade comunitária. Doar roupas e alimentos é outra forma de envolver as crianças, assim como escrever cartas para idosos de uma casa de repouso local. Recentemente, uma família me contou que, quando souberam que famílias de imigrantes estavam se mudando para a região, seus filhos em idade escolar quiseram fazer cartões e desenhos de boas-vindas. As crianças ficaram animadas para levar os envelopes e tiveram a oportunidade de brincar com as novas crianças ao entregá-los. O que isso ensina às crianças? Que elas têm muito em comum com as famílias recém-chegadas: todas as crianças gostam de brincar.

Conforme as crianças ficam mais velhas, surgem novas oportunidades, e seu filho em idade escolar estará pronto para elas — fazer decorações de Natal para um hospital local ou centro de acolhimento, por exemplo, ou organizar campanhas para arrecadar alimentos. Você também pode sugerir explicitamente atividades altruístas, como:

- Compartilhar suas posses — seja dividir o lanche com um amigo que esqueceu o dele, ou doar a mesada para uma causa que lhe é importante (como associações protetoras de animais ou ambientais). Um amigo me contou que, quando ocorreu um derramamento de óleo e um de seus filhos viu que a vida marinha estava morrendo, perguntou se podiam enviar dinheiro para ajudar os animais. Após alguma pesquisa, encontraram uma organização que ajudava a remover o óleo dos patos na área afetada. O menino fez trabalho extra em casa para ganhar dinheiro e doar para a causa. Cada criança tem interesses diferentes; tente se conectar com o que é importante para a sua.

- Doar tempo — ser voluntário em um abrigo de animais, participar de uma equipe de limpeza do bairro ou permanecer na escola após as aulas para ajudar a cuidar de crianças pequenas tem seus benefícios; as crianças e os adolescentes obtêm grande satisfação em servir dessas formas.

- Ajudar um vizinho que precisa — talvez um idoso que esteja doente e não possa ir ao mercado. Oferecer-se para passear com o cachorro, regar as plantas ou tirar a neve da porta; você e seu filho podem organizar um grupo de vizinhos para ajudar.

- Demonstrar empatia e compaixão — assim como você demonstra empatia e compaixão a seu filho quando ele está passando por um momento difícil, pode incentivá-lo a estender esse comportamento aos colegas (dizer uma palavra amiga quando alguém estiver magoado e se oferecer para escutar um amigo com problemas). Mesmo em momentos tranquilos, é possível dar o exemplo de altruísmo. Um pai me contou sobre seu filho que estava no quarto ano e cujas duas professoras estavam grávidas. Com a ajuda de pais, os alunos organizaram um chá de bebê e arrecadaram dinheiro para comprar um presente para cada professora. As crianças compartilharam a emoção do crescimento das famílias das professoras.

Quer as ações altruístas sejam organizadas ou informais, contínuas ou espontâneas, como ajudar um amigo ou alguém necessitado, elas dão às crianças e aos adolescentes uma oportunidade significativa de se doar aos outros, de se ver como pessoas gentis e atenciosas, e isso reforça que são parte de algo maior do que elas mesmas.

Praticar gratidão

Também podemos ajudar nossas crianças e adolescentes a desenvolver o sentimento de gratidão. Ao fazer isso, eles podem se concentrar no que têm e aceitar melhor quem são. Pesquisas têm mostrado que essas duas construções estão fortemente relacionadas com a resiliência e com uma visão otimista da vida em geral. Novos estudos que examinam a relação entre o cultivo da gratidão e a melhora do bem-estar demonstram que ela protege contra estados e emoções negativos. As pesquisas e seus resultados são tão robustos que derivaram em "intervenções de gratidão" baseadas em evidências, algumas das quais adaptei a seguir para você experimentar sozinho e com seus filhos:

- Crie um ritual noturno de expressar pelo menos uma coisa que ocorreu no dia e pela qual você ou seu filho são gratos; você pode usar frases como: "Algo pelo qual estou alegre, feliz que tenha acontecido, ou alguém que me ajudou hoje é…".
- Escreva uma lista de qualidades que gosta em si mesmo e pelas quais é grato. Desenvolva o ritual de adicionar itens à lista. Faça uma lista de qualidades não tão boas ou que são desafiadoras, mas que fazem fazem parte de quem você é. Isso é parte da aceitação de você como um todo.
- Mantenha uma lista de itens ou pessoas pelas quais você e sua família são gratos; pode ser uma lista diária ou contínua, que você segue alimentando.
- Quando seus filhos forem mais velhos (em especial se gostarem de escrever), sugira que mantenham um diário pessoal de gratidão, no qual possam escrever sobre acontecimentos positivos e pelos quais são gratos em sua vida.
- Escreva cartas de gratidão (crianças mais novas podem fazer desenhos ou ditar as mensagens) para familiares, amigos, treinadores

ou professores — pessoas que fazem parte da vida de seus filhos. São cartas de agradecimento que destacam as maneiras, pequenas ou grandes, como alguém os ajudou. Deixe seu filho decidir para quem quer escrever.

- Estabeleça a prática de ajudar seu filho a escrever cartas de agradecimento quando avós, parentes ou amigos lhe derem um presente ou o levarem para um passeio especial. Se não for uma carta, um telefonema de agradecimento é uma boa prática a ser estabelecida.

Esses exercícios podem parecer óbvios e, em muitos aspectos, são simples. O motivo pelo qual os destaco aqui é que a conexão entre expressar gratidão e resiliência é evidente, e essas práticas podem ser incorporadas prontamente, de modo a se tornarem parte da vida cotidiana.

Práticas de atenção plena

Mindfulness, ou atenção plena, é um termo sobre o qual se escreve e discute com frequência hoje em dia, e considero que vale a pena explorá-lo. Recentemente, tenho vinculado mais diretamente meu trabalho com crianças e pais a técnicas de atenção plena. Com isso, quero pedir aos pais que permaneçam presentes no momento, em vez de manter o foco na ansiedade acerca do que o comportamento momentâneo da criança significa para seu futuro, seja a próxima semana ou o próximo ano. Sugiro a eles inspirar, expirar e ter mantras que os mantenham centrados e os desacelerem sempre que suas preocupações os estiverem motivando a tomar atitudes rápidas no lugar de ponderadamente descobrir o que está originando o comportamento da criança. A atenção plena nos coloca no momento, focados no aqui e agora, e aumenta a consciência e a capacidade de refletir sobre nossos estados emocionais. Para mim, trabalhar mais diretamente com técnicas de atenção plena foi mais uma coisa que destacou como o desenvolvimento da autocompaixão permite que crianças (e pais) reconheçam e aceitem os próprios sentimentos em vez de constantemente repreenderem-se e desafiarem-se a "serem melhores", "fazerem melhor", "fazerem mais" ou, de alguma forma, mudarem quem são.

A atenção plena aponta para o estar no momento, uma consciência do presente e um foco no agora. Com a extensa evidência dos aumentos hoje em dia da ansiedade, da depressão e do estresse geral em nossa juventude, assim como nos adultos, focar em estar presente é uma prática que pode combater os fatores de estresse e as pressões que as crianças sentem. Pesquisas destacam que a atenção plena dá suporte ao bem-estar, à saúde e à resiliência. Desacelerar é bom para nós. Igualmente importante é o fato de que a atenção plena é associada positivamente com um sentido mais forte de identidade e autoaceitação. Em sua extensa pesquisa, as professoras de psicologia Ellen Langer e Shelley Carson, da Universidade Harvard, demostram que "um dos métodos mais simples e mais naturais de reduzir a autoavaliação e substituí-la pela aceitação é assumir uma mentalidade de atenção plena em vez de inconsciência".

Langer e Carson definem mentalidade consciente como a capacidade de ver situações a partir de múltiplos pontos de vista e mudar de perspectiva dependendo do contexto. Por outro lado, inconsciência é "um estado de rigidez no qual a pessoa adere a uma única perspectiva e age automaticamente", o que inclui classificar em categorias rígidas experiências, comportamentos e pessoas (por exemplo, "Nunca serei bom em matemática porque fui muito mal em uma prova"). O perigo disso para nossas crianças é que elas caem em um pensamento negativo em vez de reconhecer que aqueles sentimentos e experiências negativos são um entre muitos aspectos de quem elas são. Baseadas em técnicas desenvolvidas por Carson e Langer e adaptadas por mim, as sugestões a seguir podem ser praticadas por você para incorporar a autoaceitação consciente em seu relacionamento com seu filho. Incentive e ensine seu filho a:

- observar ativamente coisas novas dentro e ao redor dele (como o desabrochar das flores na primavera ou a transformação das folhas no outono) e perceber as surpresas; prestar atenção às positividades e transformações estimula o hábito de também explorar aspectos novos e desconhecidos em si mesmo;
- pensar em si mesmo como uma "obra em andamento", enfatizando uma mentalidade construtiva. Considerar percalços e erros como parte de qualquer processo; essa prática combate o desenvolvimento de vergonha, porque errar e não ter respostas imediatas se torna a norma;
- refletir sobre enigmas, ironias e paradoxos ajuda a desenvolver tolerância para muitas ambiguidades e inconsistências da vida; pensar nisso como "esperar o inesperado" é uma preparação para a vida.

Adicione humor e leveza (respeitosamente) às situações, o que oferece uma forma imediata de ver um lado novo ou inesperado delas… ou de si mesmo. Isso faz parte da minha filosofia de "manter a calma", que pode ser muito útil quando enfrentamos e atravessamos situações difíceis ao mesmo tempo que tentamos ao máximo transmitir a nossos filhos a ideia de que um momento que parece ser intransponível pode não ser tão pesado e obscuro assim. Uma abordagem mais espiritual da atenção plena, que está sendo amplamente estudada por neurocientistas, tem mostrado que técnicas dessa prática também apoiam uma conduta de não julgamento em relação a si mesmo. Richard Davidson, professor de psicologia e diretor do Center for Healthy Minds da Universidade de Wisconsin-Madison, fez extensas pesquisas que mostram que simples técnicas de meditação, como exercícios respiratórios, podem melhorar a atitude de uma pessoa em relação a si mesma e aos outros, melhorar o humor e aplacar a ansiedade, fazendo com que sinta mais bem-estar. Cada vez mais, tenho incorporado práticas de meditação simples em minha vida e no trabalho com crianças e adultos e tenho observado mudanças visíveis no humor e na atitude deles. Práticas de atenção plena e meditação ajudam a alcançar um sentido de arbítrio interno, o que é outro aspecto da autoaceitação. A seguir, sugiro atividades para você experimentar (ou adaptar) sozinho ou com seus filhos de forma descontraída, fora dos momentos estressantes, de modo que eles possam acrescentá-las como habilidades a seu crescente repertório de recursos de resiliência, em especial à medida que crescem:

- Juntos, respirem três vezes, inalando e exalando lentamente. Você dá o exemplo, eles imitam. Então, deixe-os tomar a frente e você os segue. Vocês podem alcançar juntos um ritmo. Desfrutem desse tempo.
- De vez em quando, tente fazer uma refeição em silêncio, prestando atenção na experiência sensorial de saborear e ingerir o alimento. Dependendo da idade de seus filhos, você pode fazer isso em refeições maiores (ou menores). Depois, conversem sobre o que cada um descobriu no silêncio, descrevendo como foi a experiência.
- Sentem-se em silêncio e façam uma rápida meditação. Você pode começar com uma meditação de três ou cinco minutos (vá aumentando com a prática), usando um aplicativo ou por conta própria (utilize um cronômetro). Dê instruções simples de sentar e manter a atenção no momento presente, como "observe sua respiração; se seu pensamento vagar, não resista; retorne sua atenção novamente à respiração". Ou "preste atenção em seu corpo, começando pelo alto da cabeça e seguindo lentamente até os pés, observe cada parte física de seu corpo; sinta a cadeira ou o chão abaixo de você".

A essa altura, isso pode ser óbvio, mas vale a pena ressaltar que o desafio é maior quando há um descompasso entre você e seu filho. Recomendo fortemente que comece por você mesmo como o próximo passo para alcançar a autoaceitação, sem sentir vergonha de quem é, e assim conseguir criar um filho resiliente.

Você conta

Aceitar seu filho demanda esforço intencional e honestidade deliberada para ver a criança que está diante de você — não a que é semelhante ou diferente de você ou do irmão; não aquela que lhe lembra de sua mãe, pai ou irmão mais velho autoritário; não a criança que você deseja que ela seja. Isso pode demandar que você mude sua perspectiva para deixar de enxergar seu filho como alguém desprovido de algo (não é suficientemente motivado; é reticente demais para adentrar novas situações) ou alguém que você gostaria muito que fosse diferente de quem ele é (menos reativo; mais social, mais carinhoso; menos carente). Demanda também estar ciente dos próprios preconceitos, desejos e expectativas para ele, e como eles podem influenciar a maneira como você vê e julga seu filho. Às vezes pais relatam que ficam envergonhados de enfrentar seus preconceitos e expectativas preconcebidas. Eu incentivo você a aceitar que todos nós os temos; são parte natural de quem somos e do que carregamos para a parentalidade. Quanto mais cientes nos tornamos desses preconceitos, mais somos capazes de enxergar claramente cada um de nossos filhos.

Crianças são capazes de ler nossas intenções e nosso tom de sinceridade, de modo que ser verdadeiro é importante; é o que as faz sentir que você tem uma conexão autêntica com elas. Alguns dos comentários que fazemos sobre nossos filhos podem parecer inócuos e vêm de um lugar de amor e carinho, porém podem ser ouvidos de forma diferente por eles. Você ama que seu filho lhe faça lembrar de seu pai, que era um grande atleta, por exemplo. Você diz isso. Contudo, quando relembra momentos em que seu pai foi demasiadamente rígido com você e seus irmãos, seu filho também ouve. Em sua mente de 10 anos de idade, ele é como seu pai em todos os aspectos e acredita que, quando você, o pai que ele admira e adora, olha para ele, tudo o que vê é seu próprio pai, tanto o lado bom quanto o ruim. O risco é que ele assuma isso, que tenha medo das partes ruins de seu pai e desenvolva a própria crítica interna e sentimentos de vergonha de si mesmo.

Quando você faz um comentário precipitado para sua filha de 13 anos quanto a não comer demais no jantar, pode não ter ciência de como ele é recebido: que você só vai amá-la se ela for magra. Audrey, mãe de um dos meus grupos de pais de longa data, contou que Sadie, sua filha de 16 anos, a criticou por ter comentado que ela tinha perdido peso depois de voltar da viagem.

A mãe lembra: "Eu disse que ela estava ótima! Ela tinha voltado de uma viagem de aventura ao ar livre e tinha perdido muito da aparência rechonchuda da adolescência. Eu estava animada por ela voltar para a escola tão bonita. Mas ela se virou para mim e disse: 'Mãe, é o meu corpo, não o seu! Não gosto quando você fala da minha aparência!'. E eu só estava tentando fazer um elogio".

Essa mãe ficou claramente surpresa com a reação da filha, e chateada com ela, afinal não foi sua intenção ofender.

Quando perguntei a Audrey sobre sua própria experiência com sua aparência, ela contou uma história de quando, no primeiro ano da faculdade, voltou para casa após ter ganhado peso. Então, durante o verão, ela trabalhou em dois empregos como garçonete e perdeu os sete quilos que tinha ganhado. Certa noite, sua mãe, que Audrey descrevia como "difícil de agradar", olhou para ela, bateu palmas e disse: "Você voltou a ser minha filha". A jovem Audrey foi pega de surpresa.

"Me senti tão constrangida. E enfurecida. Na época, não entendi completamente por que fiquei tão irritada, mas fiquei". Audrey explicou: "Evidentemente ela me amava mais quando eu atendia a seus padrões rígidos". Uma discussão mais profunda trouxe à tona uma grande atenção implícita na alimentação e os contínuos comentários sobre peso, aparência ou saúde que havia em sua casa durante sua infância e adolescência. Esse é um fenômeno comum em muitas famílias, em diversas culturas (inclusive na minha).

Naquele dia, houve muitos acenos de cabeça no grupo de pais. Audrey, sem nem estar ciente, estava imitando com a filha a atitude da própria mãe em relação a peso e aparência; sem saber, isso também estava interferindo na forma como via a filha.

"Realmente não me preocupo com a aparência de Sadie, só quero que ela se sinta amada de uma forma que eu não fui. Sempre fui julgada."

Quando debatemos que a forma de não julgar a própria filha poderia ser não fazer comentários, ela compreendeu. "Talvez precise deixar que ela me diga como se sente sobre si mesma, e aí então eu possa corroborar."

Outra mãe do grupo compartilhou: "Eu era a única na família com curvas. Minhas duas irmãs e minha mãe tinham orgulho de serem magras: quadris e seios pequenos. Minha mãe dizia: 'Ah, você puxou a família do seu pai', e isso não era um elogio".

Um por um, todos perceberam quanto julgamento havia na própria família sem que tivessem muita consciência disso. Normalmente as críticas eram sobre peso e beleza, mas também aumentou a conscientização sobre desempenho acadêmico e outras pressões: "O grande foco na minha casa era sobre quem era inteligente"; "Ser um atleta de ponta era algo ressaltado por meus pais, e eu nunca fui isso". Consciência é o primeiro passo para evitar que essas questões que trazemos de nossa infância interfiram em nossa capacidade de ver e aceitar nossos filhos.

A maneira como falamos com nossos filhos pode ecoar nossa própria conversa interna, sobretudo a negativa. Pais que sem querer criticam ou julgam seus filhos normalmente o fazem com base na própria crítica interna — aquela voz interior que nunca parece satisfeita.

Então, como alcançamos a consciência e nos tornamos menos críticos de nós mesmos e, consequentemente, de nossos filhos?

1. Comece reconhecendo quando isso ocorre. Pergunte a si mesmo: estou me julgando? Estou tendo pensamentos negativos sobre mim mesmo ou sobre meu filho ("Ela nunca vai ouvir mesmo"; "Ele é tão preguiçoso"; "Sou um pai terrível")?

2. Pergunte a si mesmo se está criticando seu filho direta ou indiretamente: "Você nunca ouve; qual é o seu problema? Por que está sendo tão maldoso comigo? Você não pode parar um pouquinho?".

3. Pare e observe. Não se culpe por seus pensamentos ou críticas. Lide com eles. A observação traz esses pensamentos à consciência, um passo importante e necessário para que você possa trabalhar em direção à mudança. Observe sua capacidade de captar o pensamento e inibi-lo.

4. Faça o possível para não se sentir mal por ter esses pensamentos. Eles estão ligados a experiências do passado. Pensamentos negativos não aparecem magicamente; estão enraizados em algum lugar. Há um histórico, ainda que você não esteja ciente de qual seja. O trabalho mais profundo é desvendar a história, mas, como primeiro passo, é importante parar e tomar consciência.

5. Pergunte-se: o que me faz achar que há uma forma boa ou ruim de fazer isso? Com que padrões estou me comparando (ou meu filho)?

Muitos pais (em particular mães, mas não exclusivamente) ficam chateados quando um parente comenta sobre sua forma de interagir com os filhos com observações como: "Você deveria discipliná-lo"; "Você dá liberdade demais a ela"; "Jamais deixaria minha filha adolescente falar comigo desse jeito". Mesmo que suas intenções sejam boas, esses comentários incomodam, e você começa a questionar as decisões que está tomando como pai, chega a discutir com seu parceiro sobre isso. Tente tomar consciência de seu aborrecimento antes que isso tome proporções grandes demais. Para não entrar em uma espiral negativa devido a tais comentários, pergunte-se por que eles o chatearam tanto. Quem duvidou de você em sua infância? De quem é a voz que você está lembrando? Quanto melhor você localizar a fonte dos pensamentos e associações negativos, menos poder eles terão sobre você. Porém, se mesmo indo mais fundo você não identificar a causa dos pensamentos, permita-se dizer calmamente: "Tudo bem ter esses pensamentos. Posso ter consciência e não agir com base neles. Não preciso me colocar (ou colocar meu filho) para baixo".

O processo de interromper os pensamentos autocríticos ou o julgamento de seu filho levará tempo. Quando perceber um padrão (ver repetidamente seu filho como preguiçoso ou desmotivado; desejar que fosse mais social; pensar que ele odeia você e só quer o outro pai; ou sempre se sentir incomodado com os comentários dele), pare por um momento e pergunte-se de onde estão vindo esses pensamentos.

Esse tipo de autorreflexão aumenta sua consciência e o ajuda a passar a um lugar melhor de bondade consigo mesmo e, em última instância, com seu filho. Ainda assim, às vezes você fará críticas a seu filho. O segredo é se controlar, perceber a negatividade e voltar a ele para consertar. Você pode dizer: "Sei que culpei você por não ter terminado seus encargos em casa. Te chamei de preguiçoso. Isso não foi legal e eu não devia ter dito. Desculpe". Então, veja se pode ajudá-lo a realizar os encargos. Essa ação é uma aproximação que demonstra que você realmente está arrependido. Um pedido de desculpas pode reconectar vocês dois, mesmo que leve algum tempo para seu filho aceitar plenamente seu pedido de desculpas. Dê a ele o espaço necessário. Isso mostra a ele como reconhecer os próprios erros e que você o ama mesmo tendo dito algo duro; além disso, mostra que até mesmo o pai em quem ele confia e que respeita não é perfeito.

O maior presente que podemos dar a nossos filhos é aceitar sincera e radicalmente quem eles são, o que significa aceitar as suas muitas partes — positivas, negativas, pontos fortes e falhas. Significa também ajudá-los a crescer em sua consciência de quem são e do que necessitam para se manter equilibrados, assim como a pedir ajuda quando precisarem. Um fator primordial para que seu filho se torne o melhor e mais autêntico indivíduo possível é você, o pai, ou outro adulto especial que faça parte da vida dele. Como debatemos ao longo deste livro, seu filho busca em você conforto e segurança, limites e reconhecimento. Pela própria natureza de seu relacionamento, sendo recipiente e âncora, você oferece um poderoso caminho para a resiliência.

Paralelamente, você tem sua própria jornada de autoaceitação. Quando se conhece profundamente, se torna ciente das próprias necessidades e desejos, você se coloca em uma posição melhor para se aceitar — suas falhas e inseguranças, bem como os pontos fortes e virtudes — e para ver seu filho como uma pessoa separada, alguém que merece ser visto e amado por quem é, sem restrições. Ao estender esse amor, seu filho o sentirá, o absorverá e se tornará o indivíduo único e independente que deve ser. É isso o que eu quero dizer com construir resiliência.

QUESTÕES PARA REFLEXÃO

Como pais, às vezes não estamos cientes de nossas próprias formas de pensar ou das experiências que interferem na visão que temos de nossos filhos e na relação que estabelecemos com eles. Tomar ciência desses obstáculos pode nos ajudar a ver nossos filhos mais nitidamente, através de lentes mais claras, e aprender a celebrá-los como as pessoas que são. Essa reflexão, eliminando preconceitos e aumentando a autoconsciência, é algo que precisa ser cultivado. Seja paciente consigo mesmo ao atravessar esse processo.

- Quando era criança, você se sentia visto e aceito por quem era? Quem o aceitava assim? Se não se sentia aceito, pense em como era e como gostaria que tivesse sido diferente.

- Você se lembra de alguma vez ter sido mal compreendido quando criança? Pense quando isso aconteceu e como você se sentiu.
- Alguma vez sentiu que precisava agir de determinada forma ou fazer escolhas específicas para deixar seus pais, ou outros adultos, felizes?
- O que gostaria que os adultos tivessem entendido sobre você e que não entenderam? O que isso teria feito você sentir de diferente quando criança? E que impacto isso teria para você hoje, já adulto?
- Você lembra de momentos em que seus pais ou outros adultos reagiram lhe negando afeto, amor ou o repreendendo por você não ter se comportado de determinada forma ou não ter atendido as expectativas deles? Como foi para você?
- Você recebeu mensagens de que não era uma pessoa agradável ou boa, ou de que os adultos não gostavam da forma como agia ou se comportava no mundo? Quando isso aconteceu e do que você se lembra?
- Se lembra de ter sido punido ou constrangido por não atender às expectativas dos adultos? Quando isso aconteceu e como você reagiu?
- Tem consciência de seu crítico interior, aquela parte sua que é mais dura com você? Quando você o escuta e de quem é a voz que o critica? Como você pode reagir de modo a se opor a essa voz negativa?
- Que expectativas os adultos tinham para você? Eram razoáveis ou difíceis de atender?
- Você se flagra pensando no "copo meio vazio"? Quando isso acontece e em torno do que giram esses pensamentos?
- Quão aberto você está para mudar a própria perspectiva e cultivar emoções mais positivas? O que atrapalha sua mudança?
- Se lembra de algum pai ou outro adulto que o ouvia sem julgamento nem crítica? Lembre-se das vezes que isso aconteceu, quem era e como você se sentiu.

- Você pratica autocompaixão? O que faz para ser gentil consigo mesmo quando comete erros?
- Suas atuais expectativas para seu filho ajudam ou atrapalham sua verdadeira aceitação dele? O que você pode fazer para melhor aceitá-lo como ele é?
- De onde vêm suas expectativas? De quem é a voz que guia você? Suas expectativas para seu filho são razoáveis?
- Como pode mudar suas expectativas para melhor entender e aceitar seu filho?

Uma observação final

Enquanto escrevia este livro, eu estava ajudando uma jovem amiga a se preparar para a maternidade. Uma das mais significativas e transformadoras transições que acontecem na vida de uma pessoa é se tornar pai. Eu a vi se preparar para a chegada do primeiro bebê, vi a preparação dela e do parceiro para assumirem esse novo papel, após deixarem sua casa e chegarem a um novo país. Eu os vi tateando, abrindo caminho e encontrando seu ritmo com o novo bebê. O que mais me maravilhou foi a incrível alegria que eles estavam vivenciando, as maravilhas compartilhadas do bebê e os momentos de alegria mútua quando ele sorria, ria, balbuciava e procurava por eles, rapidamente desenvolvendo a confiança de que atenderiam às suas necessidades. A conexão entre eles e o filho era palpável, e eu sabia que o amor estava plantando as sementes de segurança, proteção, confiança, assim como a capacidade de sair para o mundo.

Quando damos a nossos filhos uma base amorosa que os ajuda a enfrentar a vida em toda a sua beleza e complicações, quando os fazemos se sentir amados e os ensinamos a dar amor, eles se tornam árvores robustas, com raízes grandes e profundas, capazes de crescer fortes internamente e de alcançar a comunidade que os cerca e então o mundo. Sentem-se inspirados a contribuir para esse mesmo mundo e capacitados a vivenciar as alegrias e maravilhas da vida. É claro, ainda enfrentarão momentos de incertezas, desafios e desapontamentos, alguns dos quais trarão surpreendentes prazeres, enquanto outros lhes parecerão apenas dificuldade e sofrimento. Entretanto, seja qual for o evento ou seu desfecho, suas raízes permanecerão resilientes, permitindo-lhes se adaptar e continuar crescendo. Sua resiliência se enraíza primeiro dentro de seu relacionamento conosco. É nosso amor, carinho e cuidado que semeiam e fortalecem as raízes, para que cresçam e floresçam. Criar um filho desde o berço até a vida adulta é em si um testemunho de resiliência — nosso e dele —, cuja validação maior se dá quando ele deseja voltar para casa mesmo após já ter saído mais plenamente para o mundo.

Ser pai é um desafio e uma alegria, repleto de prazeres e mistérios, expectativas e incógnitas. E, no entanto, todos podemos recorrer à sabedoria do que veio antes de nós e à compilação dos anos de conhecimento da ciência, de prática e de trabalho com famílias e crianças. O que pretendi desvendar neste livro é o que todas as crianças precisam para se tornar independentes e prósperas, se amar, se aceitar e se doar com carinho aos outros. Esse resultado decorre diretamente do recipiente e da ancoragem que você proporciona no relacionamento que construíram. Mas, por favor, tenha em mente que você não pode fazer isso sozinho; tente encontrar parentes, vizinhos, mentores, clérigos, pessoas da comunidade ou amigos que pensem como você e possam apoiá-lo ao longo do caminho. Busque profissionais quando necessário. Seja tolerante consigo mesmo e ame seu filho por quem ele é. Leve a vida um passo de cada vez e certifique-se de que suas intenções sejam sempre as melhores. Dois passos para a frente e um para trás: eis uma boa forma de abordar o papel de pai e entender seu filho. Você consegue. Você tem a força para fazer. Desfrute a jornada e mantenha o senso de humor. Ajuda muito!

Agradecimentos

Este é um livro sobre relacionamentos, o contexto no qual desenvolvimentos e a vida se revelam. Foram os relacionamentos que me sustentaram ao longo da escrita deste livro. Tenho muita gratidão por diversas pessoas com as quais me relaciono, algumas no âmbito profissional, outras no pessoal, muitas em ambos.

Obrigada a minha agente literária, Yfat Reiss Gendell, e sua assistente, Ashley Napier, da YRG Partners, por sua orientação, apoio, incentivo, motivação e esforços para colocar este livro no lugar onde precisava estar. A toda a equipe da HarperCollins, que acredita neste livro e em meu trabalho; vocês entenderam de imediato que incerteza é a única coisa certa da vida. A minhas editoras, Karen Rinaldi e Kirby Sandmeyer, que assumiram o manuscrito no meio do caminho com dedicação a seu sucesso e reconheceram o quanto o mundo precisa deste livro. Sou muito grata por terem feito isso. Sou grata à equipe de marketing e a todos os envolvidos em levá-lo aos leitores.

Um enorme agradecimento a minha amiga e colaboradora Billie Fitzpatrick. Começamos a abordar o tema — incerteza — em 2016, e então o mundo mudou, e você caminhou comigo e ouviu minhas ideias sobre parentalidade, trauma, desafios da vida diária e o desconhecido. E nossas vidas mudaram — amor e perda, nossos filhos começando a vida adulta, a pandemia. Essa jornada de relacionamentos e tempos incertos, nossas tantas conversas e suas habilidades, em especial quando nossa equipe editorial mudou, levaram a este livro. "Obrigada" não é o suficiente.

A incerteza é combatida pela longevidade dos laços profundos de muitas amizades duradouras. Algumas remontam a mais de cinquenta anos — Barbara Tidwell Mahovlic, Heidi Gorovitz Robertson, Miriam Reshotko, Andrea Carmosino, Rassoul Teimouri, minha prima Haley Venn —, enquanto outras não são tão longas — minha cunhada, Dulce Carrillo. Laura Bennett Murphy não só está comigo nos bons e maus momentos como também foi consultora neste livro e me ajudou a refletir sobre aspectos minuciosos do que as crianças precisam em situações traumáticas ou ao lidar com os momentos difíceis do dia a dia. Você é um presente em minha vida, para risos, amor e lágrimas, e o tipo de amizade que desejo que todos os filhos e pais tenham. Nim Tottenham, amiga e consultora deste livro, com quem venho compartilhando minha vida pessoal e profissional há quase trinta anos, você está sempre pronta para discutir processos de neurodesenvolvimento, recomendar artigos para responder a questões sobre o desenvolvimento do cérebro (normalmente a mesma pergunta várias vezes) e colaborar como pesquisadora. Minha compreensão dessas áreas continua crescendo por sua causa.

Não importa quão jovens ou velhos somos, aprendi que iniciamos novos relacionamentos com o potencial de trazer entusiasmo e cuidado às nossas vidas. Quer tenhamos nos conhecido recentemente, já adultos, no início da vida como pais ou na vida profissional, vocês estiveram ao meu lado, nos altos e baixos, nas doenças e perdas, nas alegrias e conexões. Sou grata a cada um de vocês: Sandra Pinnavaia, Lisa Tiersten, Marci Klein, Michele Berdy e Yvonne Smith. A Jamiyla Chisolm, que tem sido um apoio leal neste processo de escrita e que, ela própria uma escritora, já sabia quão difícil seria. A Sarah Hahn-Burke, que interveio com apoio profissional e pessoalmente como amiga. E a Mauricio Cifuentes, que continua ouvindo minha jornada e incentivando minha visão há anos.

Sou grata à multidão de mães, pais, avós e cuidadores que compartilham abertamente suas vidas e seus filhos comigo (incluindo famílias inteiras). Seja no dia a dia no centro ou ao longo do tempo, à medida que seus filhos se tornam adolescentes e adultos, em um encontro individual ou em grupos e relacionamentos contínuos (por anos!) de pais: sou grata a cada um. Vocês me ensinam com sua abertura e vulnerabilidade sobre quem são, com o que os impulsiona, com seus relacionamentos e histórias e com sua motivação para entender como ser os pais que imaginam. Obrigada por me confiarem seus sonhos, alegrias, visões, deficiências, medos e preocupações.

Um reconhecimento especial (com permissão) ao grupo de mães de sexta-feira, que começou nos anos 2000: Felicia, Caroline, Emily, Liz, Susie, Alise, Diana, Ji, Seema, Allison, Lisa, Beryl, Marie, Amy e outras. Eu aprendo continuamente mais com sua disposição em aceitar as falhas e perdoar a si mesmas, em permanecer abertas à descoberta de quem são seus filhos, de quem são vocês e de quem desejam ser, em cuidar de seus filhos, agora adolescentes e jovens adultos em idade universitária, de seus pais doentes e das transições contínuas da vida. Estou em dívida com vocês como mães, mulheres fabulosas e amigas.

Tenho muita gratidão ao Barnard College e ao departamento de psicologia, que tem sido lar da minha docência desde 1995, onde tenho o privilégio distinto de ensinar, aconselhar e orientar alunos brilhantes e ousados de Barnard (e da Columbia), e onde conduzo pesquisas destinadas a compreender melhor crianças e pais; e a meus colegas há três décadas, Peter Balsam, Rae Silver, Robert Remez e Sue Sacks. Sou grata aos muitos alunos que tenho o privilégio de conhecer nos cursos que ministro, no centro e como orientandos. Vocês me mantêm informada sobre o que é ser um jovem adulto hoje, me deixam conhecer seu mundo em transformação e me tornam uma professora/mentora melhor com suas perguntas, olhos bem abertos, visões críticas e questionamentos. Obrigada por me incluírem em suas vidas, mesmo muito depois de se formarem.

Àqueles com quem compartilho minha vida quase todos os dias no Barnard Toddler Center, minha família de trabalho, que se empenha profundamente para dar às crianças e aos pais o que precisam. Aos professores, funcionários, equipes de apoio, equipe técnica, de segurança e muitos outros ao longo de vários anos. Superamos as profundezas da pandemia, agora em um novo espaço mágico. Isso inclui nossa equipe atual — Hannah Corrie, Alison Itzkowitz, Robin Otton, Ketaki Krishnan, Carly Stein, Leslie Perrel, Ayomide Tikare e Nicole Gavrilova. A Andrea Fields, que entrou em cena este ano enquanto eu escrevia este livro e valoriza os aspectos de pesquisa e aplicabilidade do Toddler Center tanto quanto eu. E aos diversos ex-funcionários cujas amizades valorizo muito depois de terem passado por aqui, entre os quais Sabrina, Karina e Jenna.

A Michelle, Debbie, Oliver, Juan e outros, que são leais na manutenção diária do nosso centro — mesmo durante a pré-vacina da covid —, um enorme obrigada. Não estaríamos funcionando neste alto nível para os estudantes e para a comunidade, e realizando pesquisas, se não fosse por vocês.

Particularmente a Alison Davis, que chegou ao Barnard pouco antes da pandemia. Juntas, administramos com sucesso programas para crianças, pais e estudantes universitários durante toda a pandemia e além. Aprendi quanta incerteza poderíamos enfrentar e superar, e que isso requer mais flexibilidade e ajuste do que eu imaginava. Sou grata por sua disposição para saltar comigo ao desconhecido, incluindo programas para crianças ao ar livre durante invernos frios e on-line. Chegamos a pensar que era impossível, mas fizemos, e fizemos bem. Isso só pode ter a ver com nossas raízes na Universidade de Michigan!

Amy Schumer, sou muito grata por você ter se oferecido para escrever o prefácio em meio a tudo o que faz, e por me deixar entrar em sua vida como mãe, mulher, defensora da justiça e muito mais. Obrigada.

A Natacha, por fazer parte da nossa família e da nossa vida doméstica, e ajudar nas muitas tarefas que precisam ser feitas, mas que eu não consigo.

Aos meus irmãos, Joe e Sam, que sempre estiveram a meu lado (porém bem mais altos) e me ensinaram que relacionamentos que na infância são cheios de cutucadas, brigas e diversão se transformam em risos, humor e memes ridículos na vida adulta. Cada vez que alguém comenta que tenho sorte por ter irmãos tão próximos, eu sorrio. Sei que, onde quer que nossos pais estejam agora, já que não estão neste mundo, nós temos uns aos outros. Essa é uma lição importante que nos foi dada anos atrás: nossas batalhas entre irmãos são só nossas, assim como nossos relacionamentos e o cuidado entre nós; amo vocês dois e não vejo a hora de viajarmos juntos novamente. Não faz mal que torçamos para times diferentes, #MGoBlue.

Aos mais novos membros da minha família, Leleyscka, Tony e pequeno Ethan, sejam bem-vindos. Ver vocês se tornando pais enquanto moravam em minha casa e ser recebida pelo sorriso alegre de Ethan é um privilégio. Sei que novos relacionamentos surgem na vida, mas não sabia que eu conseguiria acolher uma nova família tão prontamente; foi fácil graças a vocês.

Aos meus pais, a quem dediquei este livro e cujas lições de vida estão incorporadas em quem sou e no trabalho que faço; cada um me deu algo que espero que transpareça neste livro. Minha mãe era uma pioneira que precisou ser forte em vários aspectos; ela teve uma carreira profissional antes que isso fosse admitido às mulheres ao mesmo tempo que foi mãe, meu modelo de comprometimento e de paixão, sempre arregaçando as mangas para tornar a vida melhor e defender aqueles que não têm voz. Meu pai, minha âncora e calma; um modelo de ser verdadeiro no mundo: de ver o que é bom, reconhecer o que é ruim, incorporar e seguir em frente, visando criar algo melhor e não considerar o *status quo* como aceitável; uma verdadeira bússola moral de amor, bondade, humanidade e lealdade a si mesmo. Você me ensinou o que é conexão profunda e afetuosa e amor incondicional. Sei ouvir, olhar, ponderar e não ter medo, desde que seja fiel a mim mesma, porque você me viu e me entendeu.

E à minha família, que genuinamente me faz quem eu sou e me incentiva (mesmo quando não me importo) a ser melhor, a me conhecer e a estar autenticamente neste mundo. A meus filhos, Elam, Aaron e Jesse. Vocês me transformaram em mãe; me ensinaram muito sobre pessoas e sinceridade e a me responsabilizar pelo que é meu. Em resumo, vocês me dão muita alegria. Agora posso observar cada um de vocês traçando o próprio caminho como jovem adulto. Eu sei quanto sou sortuda por ter vocês três.

A meu marido, Kenny. Por estar presente, me ajudando a superar momentos difíceis, me apresentando novos horizontes e jornadas à medida que nosso relacionamento e vida juntos se aprofundam com o tempo; por me lembrar do humor quando mais preciso, pelas risadas e cuidados compartilhados. Eu te amo.

Lembretes aos pais para aumentar a resiliência na vida diária

1. **Mantras são ancoragem:** começo com isso porque a criação dos filhos começa com você, o pai. A chave para ser aquele pai "suficientemente bom" é encontrar formas de se manter tão centrado quanto possível. Haverá momentos em que você será tragado para a espiral ou órbita emocional de sua criança ou adolescente. Observe o que está acontecendo. Recoloque os pés no chão. Sua estabilidade ajudará a estabilizá-lo. Pense rapidamente em um mantra e se reestabilize. Eis alguns possíveis mantras a serem usados:

   "Sou o adulto aqui."
   "Ela não quer me afetar; é apenas um momento."
   "Isso não vai durar para sempre; ele só é uma criança."
   "Preciso me manter centrado; meu filho precisa de mim."

   Ao lembrar a si mesmo que você está bem, que pode lidar com a situação e se recolocar em um aqui-agora mais calmo, você será capaz de voltar-se para seu filho de forma mais clara e estabilizadora. Eles precisam que permaneçamos em nosso estado mais calmo e estável, e não no estado deles. Assim podemos nos conectar com intenção e cuidado e ajudá-los a se sentir seguros novamente.

2. **Seja tão sensato quanto puder:** quando você é sensato, mesmo nos momentos mais difíceis de seu filho, está dando a ele um exemplo

para a vida. Interações como conversar, estabelecer limites e dar espaço para pedir/recuar dentro do razoável o ensinam a tratar outras pessoas com respeito. Quando você é rígido com seu filho, ele aprende a usar as mesmas táticas para conseguir o que quer ou precisa. Você é o modelo, e ele vê, sente e absorve suas ações.

3. **Deixe seu filho saber que você acredita nele:** quando você demonstra que confia que ele pode fazer alguma coisa, ele aprende a confiar em si mesmo, ainda que seja algo difícil. Para tanto, às vezes é necessário recuar, observar e perguntar a si mesmo: "Meu filho consegue lidar com isso? Tudo bem ele ficar frustrado? Eu confio que ele vai entender?". Dar espaço para que a criança tente resolver o problema de uma forma ou de outra, usando as próprias ideias e recursos, dá a ela a oportunidade de se testar e ganhar confiança para tentar algo novamente. Isso vale para diversas situações — desde subir no brinquedo no parque, abotoar a camisa ou resolver um problema de química. Saber que você está próximo, pronto para ajudar se ele pedir sua ajuda, dá a seu filho a segurança que ele necessita para tentar.

4. **Pecar pelo lado da bondade, mesmo nos piores momentos deles:** quando as crianças estão tendo um momento difícil, gritando, batendo o pé, sendo grosseiras ou respondonas, seu reflexo pode ser gritar de volta, dar uma bronca, tentar controlá-las ou constrangê-las. Em vez disso, permanecer carinhosamente firme será mais eficaz. Transmitir a mensagem "Estou sempre aqui para você, mesmo quando você desmorona" lembra à criança que você se importa, que ela não está sozinha. Se você dá o exemplo de bondade e compaixão, ela aprende a tratar os outros da mesma forma. Talvez você precise primeiro se acalmar, respirar fundo para se estabilizar, entender como se conectar com seu filho e o limite que deve impor.

5. **Se desculpe, conserte e se reconecte:** ninguém é perfeito, nem você deveria se esforçar para ser. Relacionamentos giram em torno de conexão e confiança e, às vezes, de rupturas e desconexões desconfortáveis tanto para você quanto para seu filho. Essa parte natural de qualquer relacionamento pode ser assustadora para uma criança, e até para um adolescente. A chave é tomar a iniciativa da reparação após uma explosão, ou outra interação pouco ideal, com um pedido de desculpas verdadeiro e o reconhecimento de sua responsabilidade; isso restabelece a conexão entre vocês. Seja honesto e direto:

    "Me desculpe por ter gritado daquela forma."
    "Peço desculpas. Eu não devia ter feito aquilo."
    "Lamento não ter ouvido você antes."

    Quando você assume a responsabilidade pela reparação, traz alívio a seu filho e fornece um modelo para lidar com a raiva e com rupturas nos demais relacionamentos dele, inclusive com amigos ou parceiros românticos. Mesmo que seu filho não esteja pronto para aceitar um pedido de desculpa, sua disposição para iniciar o processo de reconexão ainda é reparadora. Esteja aberto a ele quando ele estiver pronto para retornar a você. Crianças precisam de reparo e reconexão de modo a não considerar a ruptura uma falha ou problema delas, o que se transforma em vergonha.

6. **Seja a proteção de seu filho e mantenha a ansiedade sob controle:** acontecerão coisas ruins e estressantes. Talvez ocorram eventos traumáticos. No desenvolvimento diário do relacionamento com sua criança ou adolescente, você está construindo a proteção para quando tais dificuldades se abaterem sobre seu filho. Se tiver a convicção de que você estará presente e trabalhará para acalmar a crise e colocá-la em segurança, a criança não precisará absorver

a dimensão de uma situação altamente pesada ou assustadora. Quando ocorrer a crise, sua capacidade de manter a própria ansiedade e temor sob controle lhe permitirá fornecer apoio e orientação de forma estável, possibilitando que seu filho aprenda a se regular sozinho à medida que cresce. Essa é uma forma de protegê-lo dos impactos duradouros do estresse, do trauma ou dos muitos desafios da vida.

7. **O tédio é uma dádiva:** em um mundo agitado, altamente tecnológico, multitarefa, superestimulante, o tédio é uma dádiva. Aceite isso para seu filho. Insista nisso com seus adolescentes. Tempo de ócio é bom. É nesses momentos desestruturados e de baixa exigência que cada pessoa tem tempo para pensar, ponderar, imaginar, questionar, nutrir a curiosidade, resolver problemas ou apenas sentar-se, olhar para o nada e relaxar. Tédio traz calma. Como um passo no caminho em direção à independência, o tédio dá a seu filho tempo para parar e pensar, ouvir a própria respiração, pensar sobre o que deseja fazer em seguida e, no geral, estar confortável para ser ele mesmo e ter as próprias ideias. Você pode ajudar seu filho a reformular o tédio. Estar entediado não é "fazer nada"; é um tempo valioso para desestressar, ser criativo, ganhar perspectiva e praticar a atenção plena. Pense nesses momentos como uma oportunidade para deixar a mente vagar. Olhar a chuva caindo ou ficar observando um lugar tranquilo é uma reação à vida acelerada, de gratificação imediata e exigente que a maioria de nossas crianças vivencia hoje em dia.

8. **Superar acessos de raiva:** é mais fácil fazer isso quando você entende o que são e aprende a não levá-los para o lado pessoal. Seu filho não está querendo afetar você (mesmo quando parece que sim); na verdade, ele está em um estado alterado e precisa de sua ajuda. Uma criança tem o direito de ficar chateada, mas isso pode ser um desafio na medida em que seu cérebro ainda não consegue lidar com

emoções fortes. Acessos de raiva acontecem em todas as idades, desde um ataque de uma criança pequena até um pré-adolescente ou adolescente gritando que odeia você. Quando emoções intensas e negativas (como raiva, frustração e desapontamento) surgem, a capacidade do cérebro da criança ou do adolescente fica sobrecarregada, como uma queda-d'água que se entorna furiosamente. Esse tipo de estado intensamente sobrecarregado é assustador para seu filho. O que fazer para ajudar durante tamanha intensidade? Comece com você, depois passe a seu filho:

- Primeiro se acalme, centre-se, expire e use um lembrete verbal ou mantra ("Eu sou o adulto; posso lidar com isso") para se estabilizar.
- Lembre a si mesmo que não é pessoal, que as emoções assumiram o controle. Deixe de lado a causa; deixe de lado sua própria raiva.
- Em seguida, se aproxime. Para entender o que está acontecendo, use uma voz calma e clara para orientar seu filho — não racionalizando, punindo, envergonhando ou culpando. O objetivo é acalmar o acesso de raiva.
- Nomeie o que está acontecendo: "Você está tão bravo com isso!".
- Oriente a criança lembrando a ela que você está ali e que a manterá em segurança.
- Quando sentir uma conexão, comece a respirar com a criança; instrua-a por uma ou duas respirações, ou apenas respire junto. Ela sentirá sua respiração, então inspire profundamente — até mesmo exageradamente.
- Quando seu filho começar a se acalmar, mude de ambiente, dê um passeio ou o leve para chutar bola. Ou sente-se e o abrace, para que ele saiba que você está a seu lado.

Aprender a lidar com momentos explosivos leva tempo e é mais difícil para algumas crianças do que para outras. De modo semelhante, como pai, você precisará trabalhar a si mesmo e à sua reação a fim de se tornar capaz de ajudar seu filho. O cérebro humano leva muito tempo para aprender a lidar com essas emoções, e você será aquele que o ajudará a aprender, será seu parceiro.

9. **Rotinas são importantes:** transições são complicadas para muitas crianças. E até para adultos. Elas nos desestabilizam e provocam estresse. No fundo, tendemos a gostar do que conhecemos — aquilo que é previsível e familiar. De casa para a escola. Da brincadeira para o jantar. Da mídia social para o dever de casa. Da hora da leitura para as tarefas de matemática. Todos esses são momentos de transição na medida em que passamos do que estamos fazendo para começar outra coisa (que até pode ser algo novo).

Para todos nós, cada dia é repleto de transições, e a cada vez somos forçados a enfrentar um pouquinho de incerteza. Algumas crianças terão mais dificuldade para lidar com as mudanças do que outras. É aí que as rotinas são importantes, em especial para qualquer coisa que é feita regularmente. Séries de rotinas predefinidas fazem com que a transição seja mais previsível, fornecem a sensação de controle (sei o que vem a seguir; sei o que é esperado; posso fazer isso) e ajudam a criança a seguir em frente de modo mais independente. Se ela pendura o casaco no mesmo gancho todos os dias, por fim poderá fazê-lo sozinha. O mesmo vale para o lugar de fazer o dever de casa depois do lanche da tarde, ou para deixar as roupas preparadas para a manhã seguinte. Quanto mais rotinas são estabelecidas, mais estável a pessoa se sente. Rotinas diárias que proporcionam estabilidade também são práticas para transições mais amplas, sejam elas planejadas (uma nova casa; nova escola; primeiro trabalho) ou inesperadas (deslocamento devido a uma enchente ou incêndio; morte de um ente querido). Pense nas rotinas como um contraponto às transições e seja gentil ao orientar seu filho durante esses momentos. São necessários repetidos lembretes.

10. **Horários de refeições são importantes:** eles são rotinas familiares e momentos de conexão. A hora das refeições com crianças pequenas nem sempre é divertida. Pode ser difícil conciliar os horários dos adolescentes, mas faça o seu melhor para encontrar tempo: é importante. Refeições são parte da rotina, e, quando vocês se reúnem para partir o pão em família, a conexão acontece. Em uma família com agenda apertada, tente reservar alguns jantares ou almoços durante a semana para se reunir. Pense nas refeições como um aspecto social, não relacionado à comida em si. Mesmo seus filhos mais novos podem ajudar a cozinhar, a servir e se servir nas travessas espalhadas sobre a mesa (pegar o próprio arroz ou legumes favorece o próprio desejo de comer). Conforme as crianças crescem, podem ajudar a planejar e preparar as refeições. Essas são competências para a vida. Crianças gostam de rotinas, e isso inclui sentar-se à mesa, normalmente no mesmo lugar todas as noites. Enquanto comem, conversem sobre o dia e compartilhem momentos divertidos que aconteceram. Crianças falam mais quando não são questionadas diretamente, então mantenha a conversa aberta e informal, como "Hoje vi as primeiras flores da primavera", "Adivinha quem encontrei no mercado quando estava voltando para casa?" ou "Aconteceu alguma coisa boa, ruim ou surpreendente com alguém hoje?". Isso ajuda a ter diretrizes claras sobre expectativas (nada de telefones ou aparelhos eletrônicos sobre a mesa, por exemplo; estamos na mesa para comer). Deixe os julgamentos ou críticas de fora, para que as refeições sejam associadas a momentos positivos em família.

11. **Deixe de lado a perfeição e se torne um pai melhor:** não sei quando a perfeição se tornou um objetivo para os pais, mas sei que ela não é alcançável. Ser um pai suficientemente bom é o ideal para os filhos; é um bom modelo para as crianças pois demonstra sua humanidade e suas vulnerabilidades. No relacionamento com você, as crianças aprendem sobre realidade, o que significa às vezes fazer as coisas bem e outras vezes não. Às vezes estar feliz e outras não. Às vezes agradar os outros e outras não. Realidade é aprender a lidar com momentos imperfeitos que podem ser vividos em segurança na conexão com um pai ou outro cuidador de confiança. Seu filho precisa ver as imperfeições das pessoas em quem confia para saber que não ser perfeito é humano e, portanto, que ele não precisa ter medo dos percalços e pode enfrentar as próprias vulnerabilidades e imperfeições sem constrangimento. O verdadeiro e profundo aprendizado sobre si mesmo, com quem se pode contar e como funcionam os relacionamentos vem de admitir e trabalhar com tais imperfeições. Seja tolerante consigo mesmo. A vida real é confusa, e é seu papel como pai ajudar seu filho a tomar consciência disso.

12. **Sentimentos negativos são essenciais:** quando ajudamos nossos filhos a perceber e lidar com emoções negativas, estamos fornecendo a eles uma ferramenta poderosa para a resiliência. Aprender a regular emoções é o segredo para desenvolver a resiliência para lidar com a vida. Quando uma criança vivencia emoções negativas e não é ridicularizada nem punida por suas emoções, ela aprende a senti-las, aceitá-las, enfrentá-las e superá-las. Mas, como pai, pode ser difícil permitir que uma criança "fique chateada". Se você acha que seu trabalho é fazer seu filho feliz, então será mais difícil lidar com as emoções negativas dele. Você pode achar que falhou. Por outro lado, se você ajudar a criança a aceitar os sentimentos difíceis, a saber que todos os sentimentos são normais e que ela será amada

independentemente de como se sente, ela estará pronta para aprender a ter todas as emoções, processá-las e, por fim, seguir em frente.

13. **Escute e ouça o que eles têm a dizer:** crianças, independentemente da idade, querem ser ouvidas. Mais do que quase tudo, elas precisam que escutemos o que têm a dizer, sem nos distrairmos com o celular. Mesmo quando o que estão dizendo pareça estranho ou demande uma resposta, lembre que o que seu filho deseja é falar sem ser julgado ou mesmo ajudado naquele momento. Normalmente, não é sobre solução de problemas; isso pode ficar para mais tarde. Por ora, ele quer falar ou desabafar e ser ouvido. Dê a ele espaço para fazê-lo. Às vezes, nossa inclinação é corrigir e encontrar soluções para nossos filhos. Isso os desmotiva. Ficam irritados. Se fecham. Tente respirar fundo, recuar, fazer uma pausa e escutar seu filho. Ouça-o. Escute suas histórias, suas interpretações do que está acontecendo, suas reflexões sobre a vida. A escuta ativa gera confiança. Se você iniciar essa prática quando são novos (colocar o celular de lado e ouvi-los), eles tenderão a continuar se abrindo à medida que crescem. Se as crianças sentirem que serão corrigidas, repreendidas ou julgadas quando contarem a você algo que fizeram, elas não falarão. Em vez de julgá-las, seja sua caixa de ressonância. Sessões de desabafo, normalmente após a escola ou próximo à hora de dormir, permitem que seu filho reclame e libere emoções, sentindo-se seguro com você.

14. **Irmãos:** "Eu te odiaria se não te amasse" é um verso de uma música da banda Squeeze, mas é um ditado que se aplica à rivalidade entre irmãos. Irmãos se amam e se odeiam. Contanto que retornem a se amar em algum momento (o que normalmente acontece), o conflito e a rivalidade podem se tornar uma parte saudável da tecitura do relacionamento entre eles. Irmãos compartilham a pessoa (ou pessoas) mais importante de sua vida: os pais. No meu primeiro

livro, *How Toddlers Thrive*, chamo o relacionamento entre irmãos de "laboratório para a vida", um lugar seguro para resolver conflitos; aprender a negociar, desconectar e reconectar; ter alguém com quem compartilhar a vida: alegrias, prazeres e dificuldades. É um lugar onde as crianças encontram sua voz e aprendem a dar e receber. Quando pais conseguem recuar e dar espaço aos filhos para que tenham seus conflitos, lidem com eles e encontrem maneiras de seguir em frente ou deem um tempo, estão lhes proporcionando competências, assim como um vínculo, para a vida toda. Queremos que eles tenham um ao outro para o resto da vida, sem os pais no meio. A única forma de chegarem a esse resultado é os pais pararem de tentar estabelecer regras e de se envolver nos conflitos. Vejo que irmãos se recuperam mesmo após terem dito as piores coisas um para o outro. Horas (ou minutos) mais tarde, podem estar brincando ou rindo novamente. Resista a se envolver ou se intrometer; em vez disso, estabeleça regras básicas, dependendo dos limites impostos por você, como:

- "Se vocês continuarem se machucando, vai cada um para seu lado."
- "Se os gritos e as brigas continuarem, vocês vão ter que se separar e buscar lugares diferentes para brincar."

Garanta que as regras sejam aplicadas de forma igual a todos os irmãos, o que significa, de sua parte, se manter neutro e não tomar partido (nem sempre é fácil). Caso contrário, dê o seu melhor para se manter fora da situação.

15. **Conheça a si mesmo — e reflita sobre seu passado:** ser pai significa trazer todo o nosso ser para um relacionamento profundamente íntimo com nossos filhos. Conhecer a si mesmo e estar aberto a aprender mais sobre si o ajudará enquanto pai. Você pode ainda estar

processando experiências negativas de sua infância ou de depois. Pode querer replicar, ou evitar, a forma como foi criado. Independentemente de sua própria experiência, é importante estar ciente do que o moldou e de sua abordagem da parentalidade. O que quer mudar em relação a sua infância? O que quer manter? O que deseja mostrar a seus filhos e dar a eles que você teve ou não? Refletir sobre e se conhecer totalmente, acolher seus pontos fortes e aceitar suas vulnerabilidades pode ser desafiador, mas é necessário para você enxergar seu filho por quem ele é, sem as sombras de seu passado.

16. **Detalhes são importantes:** minha dica final pode parecer óbvia, mas ainda precisa ser destacada. Cada criança é diferente; cada criança é única. O que funciona para uma em determinado momento pode não se aplicar bem a outra. Crianças têm necessidades básicas semelhantes de segurança e de cuidados sensíveis e sintonizados, de modo que possam desenvolver confiança em seu cuidador principal. Ainda assim, cada criança desenvolve segurança interna e confiança de sua própria maneira individualizada. Nenhum tipo de conselho pode se aplicar da mesma forma a todas as crianças. Então lembre-se de que você é quem melhor conhece seu filho. Uma vez que esteja em conexão com ele, você encontrará formas de orientar e aconselhar que funcionem para você e para ele. Porque amanhã é um novo dia e mudanças acontecerão. Você é capaz.

Referências

Capítulo 1 | Oportunidade em tempos de incerteza

AINSWORTH, M. D. S. *et al*. *Patterns of attachment*: a psychological study of the strange situation. Nova York: Lawrence Erlbaum, 1978.

CASSIDY, J.; SHAVER, P. R. *Handbook of attachment*: theory, research, and clinical applications. Nova York: Guilford Press, 2016.

DAVIDSON, R. J.; MCEWEN, B. S. Social influences on neuroplasticity: stress and interventions to promote well-being. *Nature Neuroscience*, v. 15, p. 689-695, 2012.

ERICKSON, M. F.; SROUFE, L. A.; EGELAND, B. The relationship between quality of attachment and behavior problems in preschool in a high risk sample. *Monographs of the Society for Research in Child Development*, v. 50, n. 1-2, p. 147-166, 1985.

GRAF, N. *et al*. Neurobiology of parental regulation of the infant and its disruption by trauma within attachment. *Frontiers in Behavioral Neuroscience*, v. 16, p. 806323, 7 abr. 2022. DOI 10.3389/fnbeh.2022.806323. PMID 35464143; PMCID: PMC9022471.

GROSSMAN, K. E.; GROSSMAN, K.; WATERS, E. *Attachment from infancy to adulthood*: the major longitudinal studies. Nova York: Guilford Press, 2005.

HOFER, M. A. The psychobiology of early attachment. *Clinical Neuroscience Research*, v. 4, n. 5-6, p. 291-300, 2005. DOI 10.1016/j.cnr.2005.03.007.

KOLB, B.; GIBB, R. Brain plasticity and behaviour in the developing brain. *Journal of the Canadian Academy of Child and Adolescent Psychiatry*, v. 20, n. 4, p. 265-276, 2011.

KUO, P. X. *et al*. Is one secure attachment enough? Infant cortisol reactivity and the security of infant-mother and infant-father attachments at the end of the first year. *Attachment & Human Development*, v. 21, n. 5, p. 426-444, out. 2019.

LAZARUS, R. S.; FOLKMAN, S. *Stress, appraisal, and coping*. Nova York: Springer, 1984.

LOBO, F. M.; LUNKENHEIMER, E. Understanding the parent-child coregulation patterns shaping child self-regulation. *Developmental Psychology*, v. 56, n. 6, p. 1.121-1.134, jun. 2020.

MOLNAR, J. M.; RATH, W. R.; KLEIN, T. P. Constantly compromised: the impact of homelessness on children. *Journal of Social Issues*, v. 46, n. 4, p. 109-124.

NELSON, C. A.; FOX, N. A.; ZEANAH, C. H. *Romania's abandoned children*: deprivation, brain development, and struggle for recovery. Cambridge: Harvard University Press, 2014.

PLUNKETT, J. W.; KLEIN, T.; MEISELS, S. J. The relationship of infant-mother attachment to stranger sociability at three Years. *Infant Behavior and Development*, v. 11, n. 1, p. 83-96, 1988.

SCHTEINGART, J. S. *et al.* Homelessness and child functioning in the context of risk and protective factors moderating child outcomes. *Journal of Clinical Child Psychology*, v. 24, n. 3, p. 320-331, 1995.

SHONKOF, J. P. *et al.* The lifelong effects of early childhood adversity and toxic stress. *Pediatrics*, v. 129, n. 1, p. e232-e246, 2012.

SONJA, K. *et al.* Biological resilience and aging: activation of stress response pathways contributes to lifespan extension. *Ageing Research Reviews*, v. 88, 2023, p. 101941.

Capítulo 2 | Você conta

GROSS, J. J.; JOHN, O. P. Individual differences in two emotion regulation processes: implications for affect, relationships, and well-being. *Journal of Personality and Social Psychology*, v. 85, n. 2, p. 348-362.

WINNICOTT, D. W. Transitional objects and transitional phenomena: a study of the first not-me possession. *International Journal of Psychoanalysis*, v. 34, n. 2, p. 89-97, 1953.

WINNICOTT, D. W. *The child, the family, and the outside world*. Boston: Addison-Wesley, 1964.

WOUT, M. V.; CHANG, L. J.; SANFEY, A. G. The influence of emotion regulation on social interactive decision-making. *Emotion*, v. 10, n. 6, p. 815-821, dez. 2010.

Parte 2 | Os cinco pilares da resiliência de seu filho

BRAZELTON, T. B.; SPARROW, J. D. *Touchpoints*: the essential reference: your child's emotional and behavioral development. Boston: Addison-Wesley, 1992.

Capítulo 3 | A rede de segurança

BARON, L. S.; ARBEL, Y. Inner speech and executive function in children with developmental language disorder: implications for assessment and intervention. *Perspectives of the ASHA Special Interest Groups*, v. 7, n. 6, p. 1.645-1.659, dez. 2022.

KLEIN, T. P. *et al*. Young children's responses to September 11th: the NYC experience. *Infant Mental Health Journal*, v. 30, n. 1, p. 1-22, 2009.

PIAZZA, E. A.; IORDAN, M. C.; LEW-WILLIAMS, C. Mothers consistently alter their unique vocal fingerprints when communicating with infants. *Current Biology*, v. 27, n. 20, p. 3.162-3.167, out. 2017.

RAMÍREZ, N. F.; LYTLE, S. R.; KUHL, P. K. Parent coaching increases conversational turns and advances infant language development. *Psychological and Cognitive Sciences*, v. 117, n. 7, p. 3.484-3.491, 2020.

ŠIMIĆ, G. *et al*. Understanding emotions: origins and roles of the amygdala. *Biomolecules*, v. 11, n. 6, p. 823, jun. 2021.

Capítulo 4 | O princípio do equilíbrio

GRAF, Nina *et al*. Neurobiology of parental regulation of the infant and its disruption by trauma within attachment. *Frontiers in Behavioral Neuroscience*, v. 16, p. 806323, abr. 2022.

GUNNAR, M. R.; QUEVEDO, K. M. Early care experiences and HPA axis regulation in children: a mechanism for later trauma vulnerability. *Progress in Brain Research*, v. 167, p. 137-149, 2007.

LU, S.; WEI, F.; LI, G. The evolution of the concept of stress and the framework of the stress system. *Cell Stress*, v. 5, n. 6, p. 76-85, abr. 2021.

OPENDAK, Maya; GOULD, Elizabeth; SULLIVAN, Regina. Early life adversity during the infant sensitive period for attachment: programming of behavioral neurobiology of threat processing and social behavior. *Developmental Cognitive Neuroscience*, v. 25, p. 145-159, 2017.

SIEGEL, D. J.; BRYSON, T. P. *The whole-brain child*. Nova York: Random House, 2012.

SULLIVAN, R. M. The neurobiology of attachment to nurturing and abusive caregivers. *Hastings Law Journal*, v. 63, n. 6, p. 1.553-1.570, ago. 2012.

TOTTENHAM, N. The Brain's Emotional Development. *Cerebrum*, p. 8-17, jul. 2017.

Capítulo 5 | A trilha da liberdade

FERGUSON, R. F. *et al*. *The influence of teaching beyond standardized test scores*: engagements, mindsets and agency. Cambridge: Harvard University, 2015.

GINSBURG, H. P.; OPPER, S. *Piaget's theory of intellectual development*. 3. ed. London: Pearson, 1987.

KLEIN, T. P. Seeing the Child's World: The essence of Anji True Play that can be transported to worldwide locations. *In*: TRUE PLAY CONFERENCE, 2019, Anji, China. *Proceedings* […]. Anji: True Play, 2019.

KUPPENS, S.; CEULEMANS, E. Parenting styles: a closer look at a well-known concept. *Journal of child and family studies*, v. 28, n. 1, p. 168-181, 2019.

MOGEL, W. *The blessing of a B minus*: using Jewish teachings to raise resilient teenagers. Nova York: Scribner, 2011. p. 97.

Capítulo 6 | O poder da conexão

ALLEN, J. P. *et al.* The relation of attachment security to adolescents' paternal and peer relationships, depression, and externalizing behavior. *Child Development*, v. 78, n. 4, p. 1.222-1.239, 2007.

ALLEN, J. P. *et al.* Adolescent peer relationship qualities as predictors of long-term romantic life satisfaction. *Child Development*, v. 91, n. 1, p. 327-340, 2020.

AMES, R. Help-seeking and achievement orientation: perspectives from attribution theory. *In*: DEPAULO, B.; NADLER, A.; FISHER, J. D. (ed.). *New directions in helping*. Nova York: Academic Press, 1983. v. 2. p. 165-186.

DO, K. T.; MCCORMICK, E. M.; TELZER, E. H. The neural development of prosocial behavior from childhood to adolescence. *Social Cognitive and Affective Neuroscience*, v. 14, n. 2, p. 129-139, fev. 2019.

LIEBERMAN, M. D. *Social*: why our brains are wired to connect. Nova York: Crown Publishers, 2013.

OFFICE OF THE SURGEON GENERAL. *Our epidemic of loneliness and isolation*: the U.S. Surgeon General's advisory on the healing effects of social connection and Community. Washington, DC: US Department of Health and Human Services, 2023.

POULIN-DUBOIS, D. Theory of mind development: state of the science and future directions. *Progress in Brain Research*, v. 254, cap. 7, p. 141-166, 2020.

Capítulo 7 | O dom da aceitação

CARSON, S. H.; LANGER, E. J. Mindful practice for clinicians and patients. *In*: *Handbook of Primary Care Psychology*. Oxford: Oxford University Press, 2004. p. 173-183.

DAVIDSON, R. J.; KAZNIAK, A. W. Conceptual and methodological issues in research on mindfulness and meditation. *American Psychologist*, v. 70, n. 7, p. 581-592, out. 2015.

DINIZ, G. *et al.* The effects of gratitude interventions: a systematic review and meta-analysis. *Einstein*, v. 21, ago. 2023.

HOMAN, K.; HOSACK, L. Gratitude and the self: amplifying the good within. *Journal of Human Behavior in the Social Environment*, v. 29, n. 7, p. 1-13, 2019.

JIMENEZ, M. P. *et al*. Associations between nature exposure and health: a review of the evidence. *International Journal of Environmental Research and Public Health*, v. 18, n. 9, p. 1-19, 2021.

MATRICCIANI, L. *et al*. Children's sleep and health: a metareview. *Sleep Medicine Reviews*, v. 46, p. 136-150, 2019.

WINNICOTT, D. W. *The child, the family, and the outside world*. Boston: Addison--Wesley Publishers, 1964.

Este livro foi impresso pela Vozes, em 2025, para a HarperCollins Brasil.
O papel do miolo é avena 80g/m² e o da capa é cartão 250g/m².